AF499482

ÉTUDES SOCIALES

Femme Enfant Humanité

PAR

A. GUILLEMINOT

AVEC UNE PRÉFACE

DU

Dr Georges MARTIN

PARIS
V. GIARD & E. BRIÈRE
LIBRAIRES-ÉDITEURS
16, Rue Soufflot, 16

1896

ÉTUDES SOCIALES

Femme
Enfant
Humanité

ÉTUDES SOCIALES

Femme Enfant Humanité

PAR

A. GUILLEMINOT

AVEC UNE PRÉFACE

DU

Dr Georges MARTIN

PARIS
V. GIARD & E. BRIÈRE
LIBRAIRES-ÉDITEURS
16, Rue Soufflot, 16

1896

PRÉFACE

L'Humanité se compose de deux facteurs, l'Homme et la Femme.

Si ces deux facteurs ont chacun leur fonction différente au point de vue de la reproduction de l'espèce, ils ont les mêmes devoirs aussi bien quand il s'agit de la conservation de l'enfant et de son éducation, que lorsqu'il s'agit de l'évolution sociale.

Plus l'Humanité avancera dans la voie de la civilisation, plus on reconnaîtra l'identité des devoirs de l'homme et de la femme.

Théoriquement cette identité est un fait

facile à constater chez les peuples les plus civilisés de notre époque, mais il reste à établir l'équilibre pratique qui doit constituer la Société parfaite.

Dans ce dernier quart de siècle, un chemin énorme a été parcouru, et une énorme évolution s'est faite dans les esprits.

Les femmes ont montré dans la pratique qu'elles ne sont nullement inférieures aux hommes, chaque fois qu'on leur a fourni les moyens de développer leurs facultés dans l'instruction primaire, secondaire, supérieure ou professionnelle.

Dans les administrations publiques ou privées dont les portes leur ont été ouvertes, elles remplissent honorablement et avec capacité, des emplois qui n'étaient pas mieux tenus précédemment par les hommes.

Le nombre des femmes qui se distinguent dans l'enseignement, l'industrie, le commerce, les lettres, les sciences, les arts, la médecine, l'étude du droit, grossit chaque année.

Si ce mouvement ne se développe pas plus rapidement encore, c'est que les lois ne sont pas en rapport avec le progrès des mœurs.

Dans nos sociétés modernes, puisque la femme a les mêmes devoirs que l'homme, il est tout à la fois illogique et inique de ne pas lui accorder les mêmes droits.

Le *Droit de l'homme et du citoyen*, qui se ressent trop du droit romain, doit faire place au *Droit humain*, égal pour tous, ne distinguant pas de sexes, ne subordonnant plus la femme à l'homme, faisant véritablement régner la justice dans l'humanité.

Ce n'est que dans ces conditions que les sociétés humaines peuvent espérer réaliser la justice sociale, et arriver à un état de perfection que l'on a pu considérer dans le passé comme un rêve de philosophes, mais que nous voyons, nous, comme la réalité certaine de demain.

Nous saluons avec joie le livre que M. Guilleminot vient d'écrire, parce qu'il marque dans l'évolution féministe en particulier et dans l'évolution humaine en général un nouveau pas en avant.

Paris, ce 29 février 1896.

Dr GEORGES MARTIN

LA FEMME

LES DROITS DES FEMMES

Parmi les nombreuses questions qui agitent notre société et réclament impérieusement une solution, une des plus importantes est certainement celle de la reconnaissance des droits civils et politiques aux femmes.

Importante, elle l'est au premier chef, puisqu'elle intéresse toute une moitié de l'humanité et qu'il s'agit de l'application d'un principe nié depuis l'origine des temps : du principe de l'égalité des sexes, proclamé seulement par les philosophes du XVIIIe siècle.

Le premier point à établir est celui de la légitimité de cette revendication.

Il suffit pour cela de rappeler les arguments magistralement exposés en sa faveur par l'une des plus grandes et des plus nobles figures de la Révolution, *Condorcet*.

Après plus d'un siècle, ils n'ont rien perdu de leur force et de leur valeur. Parus le 3 juillet 1790 dans le « *Journal de la Société de 1789* », à les lire, on les croirait écrits d'hier, tellement nous sommes bien restés figés, voyez plutôt :

« Tous n'ont-ils pas violé le principe de l'égalité des droits, en privant tranquillement la moitié du genre humain de celui de concourir à la formation des lois, en excluant les femmes du droit de cité ? Est-il une plus forte preuve du pouvoir de l'habitude, même sur les hommes éclairés, que de voir invoquer le principe de l'égalité des droits en faveur de trois ou quatre cents hommes qu'un préjugé absurde en avait privés, et l'oublier à l'égard de douze millions de femmes ?

« Pour que cette exclusion ne fût pas un acte de tyrannie, il faudrait ou prouver que les droits naturels des femmes ne sont pas absolument les mêmes que ceux des hommes, ou montrer qu'elles ne sont pas capables de les exercer.

« Or, les droits des hommes résultent uniquement de ce qu'ils sont des êtres sensibles, susceptibles d'acquérir des idées morales, et de raisonner sur ces idées ; ainsi les femmes ayant ces mêmes qualités ont nécessairement des droits égaux. *Ou aucun individu de l'espèce humaine n'a de véritables droits, ou tous ont les mêmes ;* et celui qui vote contre le droit d'un autre, quels que soient sa religion, sa couleur ou *son sexe*, a dès lors *abjuré les siens.*

« Il serait difficile de prouver que les femmes sont incapables d'exercer les droits de cité. Pourquoi des êtres exposés à des grossesses et à des indispositions passagères, ne pourraient-ils exercer des droits dont on n'a jamais imaginé de priver les gens qui ont la goutte tous les hivers, et qui s'enrhument aisément ?

« En admettant dans les hommes une supériorité d'esprit qui ne soit pas la suite nécessaire de la différence d'éducation — *ce qui n'est rien moins que prouvé, et ce qui devrait l'être, pour pouvoir, sans injustice, priver les femmes d'un droit naturel* — cette supériorité ne peut consister qu'en deux points ; on dit qu'aucune femme n'a fait de découverte importante dans les sciences, n'a donné de preuves de génie dans les arts, dans les lettres, etc., mais sans doute, on ne prétendra point n'accorder le droit de cité qu'aux seuls hommes de génie. On ajoute qu'aucune femme n'a la même étendue de connaissances ; la même force de raison que certains hommes ; mais qu'en résulte-t-il, qu'excepté une classe peu nombreuse d'hommes très éclairés, l'égalité est entière entre les femmes et le reste des hommes ; que cette petite classe mise à part, l'infériorité et la supériorité se partagent également entre les deux sexes. Or, puisqu'il serait complètement absurde de borner à cette classe supérieure le droit de cité, et la capacité d'être chargé de fonctions publiques, pourquoi en exclurait-on les femmes plutôt que ceux des hommes qui sont inférieurs à un grand nombre de femmes ?

« Enfin, dira-t-on, qu'il y ait dans l'esprit ou dans le cœur des femmes quelques qualités qui doivent les exclure de la jouissance de leurs droits naturels ?

« Interrogeons les faits. Elisabeth d'Angleterre, Marie-Thérèse, les deux Catherine de Russie, ont prouvé que ce n'était ni la force d'âme, ni le courage d'esprit qui manquaient aux femmes.

« Elisabeth avait toutes les petitesses des femmes ; ont-elles fait plus de tort à son règne que les petitesses des hommes à celui de son père ou de son successeur ? Les amants de quelques impératrices ont-ils exercé une influence plus dangereuse que celle des maîtresses de Louis XIV, de Louis XV, ou même Henri IV ? »

Les adversaires de l'égalité des sexes ont pu accumuler des raisons plus ou moins spécieuses, ils n'ont jamais réfuté cette démonstration si claire et si solide. La conquête de la complète égalité politique par les hommes est encore venue la fortifier, et la science, en établissant l'équivalence intellectuelle des sexes, a levé le seul doute qu'elle laissait planer. En face des droits de l'homme s'affirmant comme le droit humain, elle demeure la protestation irréductible du **Droit** mutilé (1).

(1) Cette expression de *Droit* reviendra plusieurs fois sous notre plume, aussi croyons-nous bon de préciser et d'expliquer le sens que nous lui attribuons. Elle ne signifie pas pour nous une entité métaphysique aussi absolue que nuageuse, existant avant et en dehors de la société, une sorte d'idéal vers lequel nous tendrions sans cesse sans pouvoir l'atteindre jamais. Non ; c'est, au contraire, une relativité du temps et des lieux, liée au degré de développement de *l'état social* dont il importe de ne jamais l'isoler pour en faire une abstraction. A un moment donné de ce développement, cette relativité se présente sous une forme et avec une étendue données, et les limites doivent être les mêmes pour tous les individus englobés à ce moment dans cet état social. Et c'est dans ce sens, qu'une négation ou une restriction quelconque à l'égard d'un seul individu constitue une mutilation du Droit tel qu'il doit exister à ce moment et dans ces conditions.

Donnons un exemple : tant que Robinson est seul dans son île, le mot *Droit* ne peut pas avoir de signification pour lui; le jour où il rencontre Vendredi, des rapports s'établissent entre eux, — une société naît — et d'après ces rapports se forme leur droit, qui ne sera jamais violé tant que l'un n'interdira pas à l'autre ce qu'il se permet, ou qu'il ne l'astreindra pas à une obligation à laquelle lui-même se dérobe.

Voilà le *Droit* à l'état naissant. La complexité des rapports sociaux ira ensuite l'étendant et le diversifiant; elle n'en changera pas l'essence, et du jour où il n'y aurait plus parité dans ses termes entre les divers membres du corps social, il perdrait son intégralité pour devenir un privilège en faveur d'une fraction plus ou moins importante de ce corps social; ce serait le commencement de l'exploitation de Vendredi par Robinson ou *vice versa*.

NOS ADVERSAIRES

Les adversaires des revendications féminines sont de deux sortes. Les uns — de moins en moins nombreux — tiennent nettement pour la suprématie de l'homme dans la cité et dans la famille. Pour eux, la science n'a rien dit, la justice n'a pas fait un pas, le progrès des mœurs ne leur a rien révélé. Ce sont les irréductibles ; à ceux-là Condorcet a répondu pour toujours ; aussi longtemps qu'il y en aura, il suffira de les renvoyer aux arguments du grand philosophe.

D'autres, plus habiles, — plus malins surtout — se résolvent à faire la part du feu ; ils reconnaissent le ridicule de la prétendue supériorité, en présence du continuel démenti infligé par les faits ; en principe, disent-ils, nous sommes partisans de l'égalité des sexes, mais la question n'est pas mûre ; les femmes ne sont pas prêtes pour l'exercice de leurs droits ; nous avons tout à redouter de la direction intellectuelle de la majorité d'entre elles ; *leur éduca-*

1.

tion n'est pas faite ; derrière la femme il y a le prêtre ; votre impatience peut remettre en jeu toutes nos conquêtes politiques.

Ce langage ne mérite même pas les honneurs de la discussion au point de vue du droit, mais de prime abord, il revêt une apparence de prudence, propre à faire naître ou à entretenir l'hésitation chez ceux qui n'ont pas pris position. A nous de dévoiler ce qu'il a de spécieux, nous pourrions dire d'hypocrite, sous quelques rapports.

Toutes ces objections se résument en ceci : l'entrée sur la scène politique de l'élément féminin est trop grosse d'inconnu pour la risquer à l'heure actuelle.

Qu'est donc cet élément féminin ? Comme les hommes, les femmes appartiennent ou à la classe bourgeoise ou à la classe ouvrière.

Dans la bourgeoisie, l'influence du prêtre est réelle ; le confesseur a conservé son pouvoir ; les exercices religieux font partie des obligations mondaines ; il y a un déficit certain pour les idées de progrès ; toute mesure rétrograde y trouverait une forte majorité.

Chez les travailleuses, nous devons sérier. D'une part, les ouvrières de la grande industrie, les employées du grand commerce, toujours plus nombreuses, toujours plus souffrantes. Exploitées côte à côte avec leurs frères de travail, supportant les mêmes misères, courbées sous le même joug, elles aspirent à la même délivrance ; elles réprouvent le prêtre au même titre que le patron ; l'un et l'autre synthétisent l'oppression à leurs yeux. Aussi rien à craindre de ce côté ; le jour où elles pourront joindre leurs bulletins à ceux de leurs frères, maris ou camarades, la démocratie aura conquis un appoint puissant. Leur attitude dans les grèves nous le garantit.

D'autre part, les travailleuses de la petite industrie, du petit commerce et les paysannes, c'est-à-dire cette partie de la population que le capital toujours plus puissant refoule *vers* et *dans* le prolétariat proprement dit. Là, en général, la vie est plus intime, elle se passe davantage en commun, la proportion des mariages y est très forte ; dans une même famille, au même foyer, les idées s'influencent réciproquement ; aussi l'accession des femmes à la vie publique ne ferait guère, dans ce milieu, que doubler les chiffres sans modifier le rapport.

En résumé, la bourgeoisie donnerait certainement une majorité hostile au progrès ; la grande ruche industrielle irait dans une énorme proportion à la démocratie, tandis que la classe dite moyenne se partagerait à peu près comme à l'heure actuelle. La supériorité numérique des travailleuses de la grande industrie sur la bourgeoisie, nous permet de conclure en toute sécurité.

Mais que feraient les femmes ?

Ou elles voteraient en masse, ou elles s'abstiendraient en masse. Dans la première hypothèse, les indications précédentes nous fixent sur le résultat de leur intervention.

Dans la seconde, quelles seraient les abstentionnistes ? Personne n'ignore que les prêtres sont absolument opposés à l'émancipation féminine, et si leur action s'exerçait, elle tendrait à déterminer l'abstention. Nous avons à ce sujet l'exemple de l'Angleterre. Souvent les femmes y font campagne en faveur de tel ou tel député ; toujours le clergé s'est élevé contre cette immixtion qu'il regarde comme pernicieuse, prétendant que si les femmes votaient elles n'auraient plus de religion. Les votantes seraient donc des émancipées cérébralement, et ce serait tant mieux pour nous. Ce qui s'est passé récemment en Nouvelle-Zélande nous confirme dans cette opinion. Là-bas, aux antipodes, les femmes ont accompli leur 48, elles votent comme les hommes, mieux que les hommes ; l'une d'elles, Miss Malcolm, nous disait qu'aux élections politiques dernières, les voix féminines ne sont allées ni aux prêtres, ni aux partis rétrogrades, mais, au contraire, aux candidats et candidates qui s'affirmaient nettement comme les champions du progrès.

Ainsi, les objections qui nous sont opposées n'ont rien de sérieux ; ce sont de simples affirmations a *priori* ; on préjuge, sans vraisemblance, des conséquences possibles de l'exercice d'un droit pour le renvoyer aux calendes.

***

Que se cache-t-il donc derrière ces craintes ?

L'examen de la question *éducation* est à ce sujet très suggestif.

L'éducation des femmes n'est pas faite. Soit. Et celle des hommes l'est-elle? Après cinquante ans de suffrage sont-ils devenus plus perspicaces ? La réflexion préside-t-elle à toutes leurs décisions ? N'ont-ils plus de ces emballements qui peuvent tout compromettre ?

L'aventure boulangiste est encore trop près de nous pour que j'abdique tout scepticisme à l'égard de la sagesse des électeurs ; et je trouve étrange qu'on exige *avant* d'un sexe ce que la pratique n'a pas pu réaliser dans un demi-siècle *après* pour l'autre.

Et puis, un peu de logique ne messiérait pas. Nous avons salué avec transport l'avènement des masses populaires belges à la vie politique, et l'expérience a dépassé les prévisions les plus optimistes ; à l'heure actuelle, nous suivons avec sympathie les efforts de la démocratie autrichienne pour conquérir ce bulletin de vote, qu'elle considère comme l'outil indispensable à son affranchissement. Et, dès qu'il s'agit des femmes, notre enthousiasme fait place à la défiance. Pourquoi ne pas leur faire le même crédit ? Pourquoi elles aussi ne se serviraient pas de cet outil pour leur émancipation ? J'ai cité plus haut un précédent.

Du reste, si votre souci est bien réellement inspiré par le défaut d'éducation, votre constante préoccupation doit être de le voir disparaitre. Eh bien ! qu'avez-vous tenté sous ce rapport ? — La question ne s'adresse pas aux socialistes, qui ont toujours proclamé l'égalité des sexes et appellent les femmes dans leurs groupements. — Puisque le prêtre est votre perpétuel cauchemar, avez-vous essayé de faire déserter les églises ? Je vais répondre pour vous.

Il y a de par le monde une vaste et puissante association très redoutée de la catholicité, la *Franc-Maçonnerie*. On dit ses membres unis par les liens d'une étroite et réelle solidarité, et tout dévoués aux idées de progrès et de justice. S'il en est ainsi, pourquoi ces hommes, qui prétendent se placer à l'avant-garde de l'humanité, ferment-ils leurs loges à double tour à la femme? De quoi ont-ils peur ? Que la lumière ne l'éblouisse ? Cependant son éducation pourrait se faire là sans danger pour la chose publique. Si les loges ont ce suprême résultat de les affranchir, eux hommes, de la tutelle religieuse, vraisemblablement elles produiraient le même effet sur les femmes.

Si vous voulez voir celles-ci déserter les églises, ouvrez-leur vos temples, appelez-les à travailler avec vous. N'oubliez pas qu'il faut un aliment à leur cœur, à leur esprit, à leur imagination ; qu'elles sont tourmentées par ce besoin d'idéal qui nait dans toute créature humaine avec la conscience, et que cet aliment et cet idéal elles les prennent où elles les trouvent. La puissance du prêtre n'a pas d'autre source ; elle est faite de votre indifférence et de votre hostilité.

La façon dont la seule loge *mixte* qui existe en France est tenue hors la maçonnerie m'oblige à croire à une sourde obstruction et à un parti-pris manifeste. Le seul fait pour une femme d'aller à la maçonnerie indique qu'elle est sur le chemin de l'émancipation intellectuelle ; qu'elle *est* ou *veut* se débarrasser des langes de l'Eglise, et a rompu en visière avec ce préjugé qui court le monde et représente la maçonnerie comme une organisation infernale, œuvre de Satan destinée à perdre les hommes. C'est, au contraire, les portes ouvertes à deux battants que vous devriez recevoir celles qui demandent l'entrée du temple.

Je pourrais m'en tenir là et conclure ; encore une remarque cependant.

Les femmes ne prétendent pas faire irruption comme un ouragan sur la scène politique ; elles ne refusent pas d'arriver par étapes et de donner des garanties, bien qu'elles n'en doivent point ; elles feraient volontiers leurs preuves dans les assemblées communales et départementales, comme en Angleterre, avant d'entrer au Parlement. Cette fois, je me demande ce qu'il reste du prétendu danger à faire courir à nos institutions.

Non, hommes de peu de convictions, avouez-le, ce que vous redoutez, c'est la perte de vos privilèges masculins, c'est le partage du droit avec l'autre moitié de l'humanité. De même que les rois du coton ne voulaient pas de la liberté pour les hommes de couleur, vous la refusez à la serve du foyer. Habitués à commander à une esclave docile, la femme libre vous fait peur. Par tous les moyens, vous essayez de retarder le jour où elle s'assoiera au banquet de l'égalité, où elle fera entendre sa voix dans les conseils, où elle cessera d'être une chose pour devenir une personne. Oui, voilà ce que vous redoutez. Tant pis pour vous.

Mais nous qui n'avons pas les mêmes craintes, nous pour qui « l'avenir n'aura vaincu le passé « que le jour où il aura mis les femmes de son « côté », c'est avec allégresse qu'au milieu des bataillons du quatrième Etat en marche vers la conquête de la République intégrale, de la République pour tous et pour tout, nous saluons le bataillon féminin.

LA PLACE DES FEMMES

Quelque valeur que l'on accorde aux arguments invoqués en faveur de la prédominance du sexe masculin, il parait difficile aux tenants des privilèges de l'heure actuelle, de justifier les empiètements toujours croissants de l'homme dans le domaine des professions plus particulièrement féminines. Non pas que la place de chaque sexe dans la gamme des occupations doive continuer à lui être attribuée par les habitudes consacrées. Loin de nous cette idée. Nous pensons, au contraire, que, là comme ailleurs, les limites factices sont appelées à disparaître ; que l'ère des corporations fermées est close.

Mais nous croyons aussi qu'il y a des spécialisations nécessaires et que certains travaux, par leur nature même, resteront toujours dévolus à l'une ou à l'autre moitié du genre humain. Verriez-vous sans tristesse une femme maçon ou charpentier comme cela existe à Vienne, et une nounou en pantalon ne vous semblerait-elle pas encore plus comique sur les bancs du square que dans le « Royaume des Femmes ? »

Malheureusement la lutte pour le pain quotidien a produit sur ce point une déplorable confusion, d'où nous ne sortirons qu'avec l'organisation rationnelle du travail basée sur les aptitudes de chaque sexe. Nous aurons alors un petit groupe de professions masculines, un autre également restreint de professions exclusivement féminines et, entre les deux, la diversité des professions mixtes, où hommes et femmes se coudoieront sans basses jalousies, sans mesquines tracasseries, réconciliés dans l'*association* pour l'existence au lieu d'être divisés et ennemis comme aujourd'hui pour le « *struggle for Life* ».

En combattant pour l'avènement de cette heure bénie, notre devoir est aussi de protester et de réclamer hautement contre l'envahissement actuel, qui tend sans cesse à rejeter la femme hors de sa sphère naturelle d'activité, et à l'obliger de plus en plus à se livrer à des occupations qui ne sont pas les siennes, quand il ne la précipite pas dans le gouffre de la prostitution.

Est-il admissible, par exemple, que de grands et solides gaillards, jeunes et bien bâtis, passent leurs journées chaudement, derrière un comptoir, à auner des dentelles, priser des soieries et manipuler un tas de jolis chiffons avec leurs grosses pattes malhabiles; tandis qu'à travers les rues, sous le froid et la pluie, de pauvres vieilles, de débiles fillettes presque encore des enfants, déambulent, ployant sous le faix trop lourd pour leurs vieilles épaules ou leurs jeunes bras.

La race et la moralité ont tout à perdre à cette interversion des rôles.

Les partisans du *laisser-faire* et du *chacun pour soi* diront que ce sont là des conséquences inévitables du *libre jeu des forces économiques*; qu'elles sont très regrettables, que les victimes sont bien à plaindre, mais qu'on n'y peut rien.

Si, on peut quelque chose. Sans doute, le mal est profond, et chimérique serait l'espoir de le voir disparaître sans une transformation complète du mode de production et d'appropriation. Mais tout en poursuivant les réalisations de l'avenir, il faut à toute occasion soulager les misères du présent, et arracher à l'engrenage les malheureuses qui peuvent en être retirées. Il faut user des palliatifs en attendant l'heure d'appliquer les curatifs, et, dans cet ordre d'idées, aucun moyen d'action, si minime qu'il paraisse, si restreinte qu'en soit l'influence, ne doit être négligé.

Partout la femme doit revendiquer sa place, qu'elle en ait été dépossédée ou simplement évincée.

*
* *

Après ce coup d'œil général, fixons nos regards sur un point particulier de la question pour essayer d'en tirer quelques conclusions pratiques immédiates.

La spoliation brutale et aveugle du monde industriel et commercial ne nous offre guère prise ; allons aux services publics où la chaine est plus lâche, et prenons ceux où la place de la femme apparait nettement indiquée ; ceux qui veillent sur l'enfance et la vieillesse ; où à chaque pas reviennent les mots d'éducation, de charité, de dévouement ; où il faut faire œuvre de cœur autant que de raison ; où le tact, la délicatesse, l'intuition d'une femme ont leur place toute marquée. J'ai cité l'instruction et surtout l'assistance publique.

Pourquoi dans la première, les écoles mixtes ne sont-elles pas attribuées pour moitié à des institutrices ? Ce n'est pas le personnel qui manque ; les demandes d'emploi abondent dans les bureaux d'inspection académique.

Y a-t-il des inspectrices primaires ? En tous cas, elles sont clair-semées. Se défie-t-on d'elles ? Mme l'Inspectrice serait-elle moins qualifiée pour inspecter M. l'Instituteur, que M. l'Inspecteur pour inspecter Mlle l'Institutrice ? A-t-on peur du pouvoir séducteur de ces dames ? Nous en avons connu de jeunes inspecteurs, voire même de vieux, n'est-ce pas M. Buisson ? qui eux ne craignaient pas de compromettre le prestige de la hiérarchie auprès de craintives subordonnées. Essayez et vous verrez que rien n'y perdra, la moralité moins que quoique ce soit. Etes-vous moins satisfaits des services de vos inspectrices générales que de ceux de vos inspecteurs du même ordre ?

Le domaine voisin, celui de l'Assistance, nous suggère des réflexions analogues.

Est-ce en vertu de quelques lois, décrets ou règlements — qu'alors il faudrait abolir — que les bureaux de bienfaisance et les hospices sont dirigés et administrés par des hommes ? Les rares exceptions qui existent, comme celle du 7e bureau de Bordeaux dirigé par une femme, nous autorisent à affirmer que l'arbitraire et le parti-pris sont seuls responsables (1).

Le jour où on se déciderait à cette transformation, on n'assisterait peut-être plus à ce spectacle ridicule de bonshommes délibérant gravement, pendant une matinée entière, sur le point de savoir si les robes des femmes assistées devraient être attachées avec des boutons ou avec des agrafes ; ou bien encore se demandant pendant des heures si le linge serait marqué avec telle encre ou avec telle autre ! Peut-être aussi que les commandes de *cent cinquante* mètres de calicot pour *un seul* tablier ne se renouvelleraient plus.

Et chez vous, messieurs de l'inspection des enfants assistés, je vois à l'annuaire du ministère de l'Intérieur que trois sous-inspectrices se sont glissées dans vos rangs. Par quelle porte ont-elles bien pu passer ? Ce serait intéressant à savoir, car d'autres pourraient aussi essayer

(1) Les bureaux de bienfaisance de Rouen, le Havre, St-Etienne, comptent également des directrices et des enquêteuses dans leur personnel.

d'entrer. Vous êtes environ deux cents; vous pourriez, ce me semble, faire la place plus large à ces collègues. De 2 à 50 0/0, il y a de la marge.

Et puis, au fait, pourquoi sous-inspectrices et pas inspectrices? Si ces dames sont bonnes pour sous-inspecter, pourquoi ne seraient-elles pas aptes à inspecter? Au fond, c'est même chose. Du reste, comme dans l'enseignement, en haut, tout en haut de l'échelle, j'aperçois quatre inspectrices générales. Il n'y a pas de raison pour laisser subsister cette solution de continuité. Le service est mixte, pourquoi les femmes en sont-elles exclues ou à peu près? Serait-il moins naturel, et plus redoutable pour la morale, de les voir surveiller et apprécier les soins donnés à des bambins qu'on mouche ou à des bébés qu'on emmaillote, que des hommes de trente ans et au-dessous, demander — par devoir professionnel, je parle sérieusement — à des filles de 20 ans de leur conter leurs petits ennuis ou leurs gros chagrins?

Nous savons également que, dans ce service, à Paris tout au moins et dans quelques grands départements, on fait des enquêtes. Où va-t-on enquêter? neuf fois sur dix chez des filles-mères délaissées, chez de pauvres veuves ou des femmes abandonnées. Nul ne soutiendra que ce soit la place et le rôle d'un homme de procéder à ces investigations, et cependant combien y trouve-t-on de femmes ?

Faut-il parler des admissions à bureau ouvert, de ce bureau du secret dont le seuil n'est jamais franchi que par des femmes ? Est-ce un homme que devrait trouver en face d'elle la malheureuse que la misère pousse à cette extrémité : abandonner son enfant ?

Enfin mentionnons pour mémoire la surveillance des nourrissons. Nous avons çà et là quelques doctoresses ; elles sont tout indiquées pour cette mission ; jusqu'alors on semble ignorer qu'elles existent, et pourtant nous en connaissons plus d'une qui ont fait des démarches réitérées sans pouvoir obtenir l'emploi.

Nous bornerons là notre incursion ; il y a toute une exploration à faire, nous la signalons. Que les groupes féministes dirigent souvent leurs travaux de ce côté, et que leurs commettants du groupe parlementaire ne dédaignent pas ces petites conquêtes pratiques immédiates, tout en formulant les revendications plus générales de la justice et du droit.

FÉMINISME ET SOCIALISME

Nous posons en principe qu'aucun être humain ne doit être subordonné à un autre; qu'aucune existence ne doit en tenir une autre sous sa dépendance.

La femme, — l'épouse particulièrement — est-elle libre en face de l'homme ? Non.

L'ouvrier en face du patron ? Non.

Asservis tous les deux, quoique à des degrés différents, leurs causes sont semblables ; il ne peut y avoir antagonisme entre eux et c'est la main dans la main qu'ils doivent marcher à la conquête de leur affranchissement.

L'ouvrier, lui, a des droits : « *les droits de l'homme* », mais il n'a pas le pouvoir. La femme, elle, n'a ni droit ni pouvoir. L'évolution, au sein de la forme sociale actuelle, peut lui permettre de conquérir ses droits et de substituer le *Droit humain* aux « *Droits de l'homme* », comme les travailleurs de 48 ont conquis les droits politiques sur les censitaires et substitué le suffrage universel — plus exactement unisexuel — au suffrage restreint.

Mais qu'elle ne l'oublie pas ; le droit, même reconnu, n'est pas le pouvoir ; il ne s'identifie pas avec lui et ce n'est que du jour où le pouvoir est à son service que son existence peut être considérée comme hors de danger.

Personne, aujourd'hui, n'ose ouvertement contester à l'un de ses semblables ce droit primordial : *le droit de vivre*, et cependant, de tous les droits reconnus, en est-il un dont l'existence soit plus précaire et plus souvent violée ? C'est que son corollaire indispensable, le *pouvoir de vivre*, n'est pas encore devenu une réalité pour tous. Pour une grande majorité, il reste le problème continuel dont la solution est le jouet d'une foule de circonstances. Et seule l'organisation économique de la Société conforme à l'enseignement des faits, l'instauration de la République économique, peut donner ce pouvoir à tous. Voilà ce qu'il ne faut pas perdre de vue ; ce qui, au-dessus de nos mouvantes et multiples revendications, doit briller comme un phare.

Sans doute, la conquête des droits civils et politiques est une question vitale pour la femme, puisqu'elle la mettra sur un pied d'égalité avec l'homme, travailleur ou autre, et il faut la faire aboutir dans le plus bref délai possible. Mais cette étape franchie, la femme ne sera pas libérée pour autant, elle sera moins asservie, voilà tout ; féministes ne l'oublions pas. Ce résultat acquis, la femme riche deviendra l'égale de l'homme riche, frère ou mari, et la femme pauvre, l'ouvrière restera, elle aussi, l'égale de son frère de travail, à la merci de celui qui l'emploie.

Tant que *le travail* ne sera pas devenu cette chose à laquelle chacun pourra se livrer comme à un acte fonctionnel libre, sous la seule condition de vouloir ; tant qu'un être humain pourra *en* priver un autre selon son bon plaisir, il ne sera pas vrai de dire que la femme aura conquis sa liberté et par conséquent sa dignité.

Ici, la cause de la femme apparait nettement liée à celle du travailleur, et c'est pourquoi nous adjurons nos sœurs et tous les féministes de ne jamais se séparer dans leurs revendications de ceux qui par-dessus tout poursuivent l'affranchissement économique de l'humanité, seule garantie fondamentale de l'exercice pour tous de tous les droits, du *droit*.

Toute victoire féministe ne sera pas nécessairement — au sens politique du mot, — au sens humanitaire, si — une victoire socialiste ; mais je ne vois pas quelle victoire socialiste pourrait trouver les féministes indifférents. Le socialisme, — et c'est là sa force et sa beauté, — embrasse tout le problème humain ; il synthétise toutes les aspirations vers le bien-être, la justice et le droit. Avec une légère variante, on peut lui appliquer le vers de Térence et dire : *Rien de ce qui est humain ne lui est étranger.*

Supposons que, par suite d'un événement subit, la République soit proclamée dans l'ordre économique : que tous nous ayons le pouvoir de travailler en toute indépendance des personnes ; que le droit au travail soit absolument indéniable à chacun de nous, comme aujourd'hui le droit de vote au citoyen. Immédiatement tous les damnés de l'enfer social, tous les vaincus de la vie se lèvent et prennent leur place au soleil, si bon leur semble ; et la misère, la prostitution — cette misère de la misère — ne sont plus des fruits naturels et inévitables de l'état social, mais seulement le fait de quelques individualités dont l'espèce disparaîtrait vite sous l'action moralisatrice du milieu ambiant. Au bout de quelques générations, l'élévation de la mentalité et de la moralité en aurait raison.

Avec cette arme supérieure, le droit intégral serait vite conquis, et, en ce qui concerne les femmes en particulier, la certitude de se procurer le pain quotidien avec leurs seules forces les amènerait à se soustraire rapidement au despotisme masculin, quelque forme qu'il revête, de quelque nom qu'il s'appelle.

Hélas ! ce n'est là qu'une hypothèse et rien ne nous autorise à penser que les choses se passeront ainsi. Nous avons simplement voulu montrer que la conquête des droits civils et politiques, ne doit pas faire oublier aux féministes la conquête du pouvoir économique, *cette base sociale*. Autrement, pour une immense majorité, ce ne serait qu'un leurre. Avec le bulletin de vote entre les doigts, seraient-elles, celles de l'atelier et du comptoir, moins à la merci « d'une taxe douanière, d'un impôt, « d'une découverte nouvelle, d'une mode, « d'une fantaisie » d'un caprice ou de l'intérêt égoïstes du patron, qui subitement vident l'atelier, semant aveuglément la misère, la maladie, le désespoir et la mort ?

Nul ne saurait donc être un féministe complet s'il n'est en même temps socialiste, de même que tout socialiste sincère ne pensera jamais à rejeter une quelconque des revendications féminines.

ALLIANCE NATURELLE

Nous venons d'indiquer pourquoi féministes et socialistes, guidés par leurs principes et logiques avec toutes les conséquences de leurs programmes, doivent nécessairement s'entendre et se regarder comme des alliés naturels. Poursuivons l'examen de cette attitude. Tout d'abord, remarquons qu'il ne s'agit ni d'une abdication pour les uns, ni d'une absorption pour les autres ; mais tout en conservant chacun leur tactique spéciale, tout en ayant leur sphère d'action particulière, d'accepter les points de contact inévitables, mieux que cela, de chercher à les multiplier, à se pénétrer réciproquement, à s'influencer toujours plus profondément.

Le féminisme y gagnera en vigueur et en ampleur de vue ; au lieu de s'enfermer dans un programme restreint de revendications civiles et politiques immédiates et de les considérer comme une fin, il n'y verra que la préface de transformations plus complètes, et au fur et à mesure qu'il les réalisera, il ne les considérera que comme un accroissement de puissance du levier destiné à exercer des pesées toujours plus énergiques en faveur du progrès ; au lieu de les proclamer le couronnement de l'égalité, il se dira qu'elles ne sont qu'un fleuron ciselé pour le diadème toujours inachevé de la justice. Ainsi il se lancera à pleine voile sur le grand courant qui, malgré les écueils et les obstacles, nous emporte vers des rivages où la vie s'épanouira meilleure et plus complète.

Le socialisme a un intérêt aussi direct et aussi élevé à ce rapprochement. N'est-il pas essentiel pour lui, d'imprégner de ses idées d'émancipation intégrale tous les milieux sociaux, tous les partis en lutte comme lui contre les tenants obstinés du passé ? Suivant son attitude à leur égard, il peut s'en faire des rivaux encombrants ou des alliés précieux pour préparer les victoires futures et assurer les conquêtes durables. Il ne saurait trop s'inspirer de cette judicieuse remarque de G. Deville que « de même que la transformation sociale par « nous — les socialistes — annoncée, *suivra* « l'évolution des phénomènes économiques et « ne la *précédera* pas, *de même* notre tactique

« doit consister à attendre le succès *de* la masse
« antérieurement acquise au socialisme, et non
« plus le ralliement de la masse *de* la réussite
« préalable d'un mouvement. »

Qu'il affirme donc hautement aujourd'hui ses sympathies pour la phalange qui entreprend de faire entrer toute une moitié de l'humanité dans l'orbite de la vie politique et la prépare à briser le joug de l'autre moitié au foyer et dans la cité.

Que de leur côté, les féministes rattachent étroitement les réformes qu'ils poursuivent à l'ensemble du problème social ; qu'ils regardent celui-ci résolument en face dans toute son étendue et sa complexité.

Une telle entente sur les conceptions et dans la tactique, une telle union, dirions-nous volontiers, ne saurait manquer de devenir féconde et de produire les meilleurs fruits.

Mais comment réaliser cette union ?

En suivant résolument la voie sur laquelle quelques groupes se sont déjà engagés.

Depuis longtemps, la *Solidarité*, groupe féministe parisien, envoyait des délégués aux divers congrès socialistes et nombre de ses résolutions sont nettement marquées au coin du socialisme. Cette tentative semblait rester isolée et ne pas obtenir la réciprocité ni l'attention qu'elle méritait, lorsqu'au congrès de 1895, des conseillers municipaux socialistes, le vœu suivant présenté par sa déléguée, a été voté à l'unanimité :

« Considérant que les principes socialistes admettent l'égalité absolue des travailleurs des deux sexes ;

« Considérant que le suffrage ne sera vraiment universel que lorsque tous les êtres humains majeurs et responsables y prendront part ;

« Considérant aussi que l'administration de la Commune est, pour ainsi dire, l'administration du foyer domestique, la Commune étant comme une grande famille et les femmes pouvant rendre de grands services dans sa gestion ;

« Le Congrès estime que les femmes, aussi bien que les hommes, devraient prendre part au vote et faire partie des Conseils municipaux, des Conseils de prud'hommes et autres ;

« Emet aussi le vœu que le droit électoral et d'éligibilité soit donné aux femmes dans le plus bref délai possible. »

Quelques semaines après, le groupe des femmes socialistes de Déville et le groupe mixte l'*Emancipation humaine*, de Rouen, prenaient part au Congrès de la Fédération des groupes socialistes de la Seine-Inférieure. La déléguée de l'Emancipation était nommée assesseur et le Congrès émettait à l'unanimité un vœu en faveur des conclusions d'un rapport sur les droits civils et politiques de la femme, présenté au nom de ce groupe ; conclusions très voisines de forme et identiques de fond à celles présentées au Congrès des conseillers municipaux socialistes.

Enfin, aux Congrès de Romilly et de Limoges, l'élément féminin avait des représentants, et en rendant compte des travaux de ce dernier, la *Petite République* disait : « Ce qui donne « confiance, ce n'est pas seulement l'enthou- « siasme des socialistes, c'est surtout de voir « l'élément féminin aider et encourager les « hommes. »

Ainsi, le féminisme a fait les premiers pas et ses avances ont reçu le meilleur accueil ; il ne s'en tiendra pas là, nous l'espérons. Mais nous pensons aussi que le socialisme ne restera pas en arrière et ne se bornera pas à accueillir avec sympathie ce frère ami. Il ira, lui aussi, dans les Congrès du féminisme cimenter cette alliance commandée aujourd'hui par les principes et fructueuse demain pour les intérêts.

LA MÈRE & L'ENFANT

DEPOPULATION

Lorsque, sollicité par un événement fortuit, un organe quelconque dans la presse embouche la trompette d'alarme et sonne à la dépopulation, immédiatement de tous les points de l'horizon social, affluent les dissertations sur ce redoutable problème.

Pendant huit jours, savants, économistes, médecins, professeurs, journalistes et autres manifestent leurs préoccupations et préconisent leurs solutions en des exercices variés sur les causes multiples, contingentes ou éloignées, de l'appauvrissement en homme.

Puis la fièvre tombe et la question rentre dans l'oubli sans avoir fait un pas.

Est-ce à dire que ces accès intermittents soient absolument de nul effet ? Nous n'oserions pas l'affirmer.

Depuis quelques années surtout, ils ont provoqué de virulentes récriminations contre la *civilisation* et, dans la civilisation, plus particulièment contre *l'intellectualisation* de la femme. On n'a pas craint de déclarer que c'était là le Moloch de l'espèce, le principe destructeur par excellence contre lequel il convenait de se liguer sous peine d'anéantissement. Et les féministes, qui croyaient travailler au bien du genre humain, ont été dénoncés comme ses pires ennemis, dignes du bûcher pour crime de lèse-humanité.

Usons donc de notre droit de défense et essayons de rétablir les responsabilités.

En 1893, année où la dépression a été le plus forte, l'excès des décès sur les naissances était exactement de 20.041.

Combien dans ce chiffre avaient moins de deux ans? C'est ce que la statistique ne dit pas, et cependant nous trouvons à ce détail une importance capitale.

En effet, si la société n'a aucun pouvoir sur les couples pour les obliger à procréer, il rentre dans ses attributions de reculer à leurs dernières limites les chances de survie des nouveau-nés, en combattant aussi énergiquement que possible les causes de mort. Eh bien ! nous pouvons affirmer que les efforts tentés sous ce rapport, loin de représenter le maximum, ne constituent, au contraire, qu'un faible minimum.

Qu'a-t-on fait pour rendre la maternité respectable, quelles que soient les conditions où elle se produise ? De quel opprobre n'est-elle pas poursuivie, la femme qui devient mère hors du mariage ?

Quelle responsabilité encourent ceux qui, après avoir abusé de la crédulité d'une pauvre fille, s'en vont, avec la complicité de la loi, chercher quelque nouvelle fleur à faner ?

S'occupe-t-on de la femme enceinte ? Le travail de la gestation a-t-il une évaluation sociale ? Cherche-t-on seulement à préserver des affres de la faim celle qui tisse une vie ?

Enfin, l'enfant né a-t-il le nécessaire assuré ? Est-il protégé contre la misère, l'ignorance et les préjugés ?

Tous ces points d'interrogation restent sans réponses, et cependant celles-ci sont faciles à formuler.

Assimilation des enfants naturels aux enfants légitimes.

Recherche de la paternité permise.

Protection et assistance sociales à la femme en période de gestation et d'allaitement.

Surveillance médicale de tous les nouveau-nés, en attendant la « mise de tous les enfants à

« la charge de la société pour leur entretien et « leur éducation. »

Rappelons-nous maintenant que chaque année il naît environ 75.000 enfants de filles-mères, de veuves ou d'abandonnées, pour lesquels les chances de mort peuvent être évaluées à 50 0/0, d'où 37.000 décès ; que la moyenne de la mortalité des enfants soumis à la surveillance de la loi du 23 décembre 1874 ne dépasse pas 10 0/0 ; que dans ces conditions, cependant encore bien imparfaites, de protection, le tribut normal pour nos 75.000 ne serait plus que de 7.500, d'où un bénéfice de 30.000 vies. Or, la statistique donne un excédent de 20.041 décès : sauvez ces 30.000 vies et les naissances l'emportent de 10.000.

Organisez donc d'abord la lutte contre la mort avec toutes nos ressources scientifiques ; le nombre des naissances a moins d'importance que celui des survies. Conservez ceux qui viennent. Non, les sources de la vie ne sont pas taries, mais bouchez les fissures qui alimentent la mort.

* * *

Regardons l'autre face de la question, la pénurie des naissances, sur laquelle on concentre toute la lumière laissant la précédente dans l'ombre. Pourquoi cette différence dans l'examen ? Est-ce parce que l'une permet l'attaque, tandis que l'autre oblige à la défense ? Peu importe.

Les femmes ne veulent plus faire d'enfants ; plus elles se civilisent, plus elles se développent cérébralement, plus elles s'échappent de l'animalité, *plus l'amour s'alanguit.* Voilà le reproche.

Eh ! messieurs les mâles, vous ne sauriez plus impudemment avouer que la maternité ainsi comprise est une besogne imposée et que c'est moins à la femme qu'à la femelle que vous vous adressez. Le mot de Michelet « mariage c'est consentement » n'a jamais représenté pour vous qu'une vaine sensiblerie égalitaire, qui n'a rien à faire dans le ménage, où, de par le Code, vous êtes *seigneurs* et *maîtres*, où la femme n'est qu'un accessoire, un instrument de plaisir, une machine à faire des enfants.

Cela c'est l'idéal romain ; nous avons, nous, d'autres conceptions et nous ne saurions blâmer la femme de ne vouloir être mère qu'à son heure. La maternité est assez grosse de conséquences prévues et imprévues, pour que celle qui s'y engage le fasse de plein gré. Chaque fois qu'elle accepte la conception, elle signe un contrat avec la mort possible. Irez-vous lui imputer à crime l'instinct de sa propre conservation ? Oui ou non lui reconnaissez-vous la qualité d'être humain ? Est-elle ou n'est-elle pas une individualité ? A-t-elle ou n'a-t-elle pas le droit de disposer de sa personne ?

Aussi, même en supposant que l'abaissement des naissances soit produit par l'émancipation de la femme, par sa conscience de ses droits, on ne pourrait que constater le fait, sans qu'il soit permis d'en tirer argument contre le mouvement féministe.

Mais il n'est pas besoin de recourir à cet ordre d'idées, car ce ne sont ni les plus intelligentes, ni les plus émancipées qui ne procréent plus. Tout le monde les connaît, les militantes qui plusieurs fois ont affronté la maternité ; combien luttent tous les jours par la plume et la parole, qui ont trois ou quatre enfants et quelquefois plus. C'est ailleurs qu'il faut chercher. Le reproche va tout entier à une classe sociale dont l'égoïsme lui interdit d'avoir plus d'un enfant par famille, dans la crainte du morcellement de la fortune. Et la responsabilité incombe plus au mari qu'à la femme ; celle-ci, dans ce milieu, encore imbue d'idées religieuses, accepterait la maternité par obéissance au précepte « Croissez et Multipliez, » mais le mari, complètement dégagé de scrupules, n'entend pas de cette oreille.

La situation est ainsi : ceux qui peuvent élever des enfants n'en font plus, tandis que ceux qui en font, souvent ne peuvent pas les élever. Nombreuses sont les familles d'ouvriers et de paysans où, sur dix ou douze enfants, il en reste quatre ou cinq ; où, sur six il en survit un seul. A quoi sert de procréer dans ces conditions ? Quelle importance peut-il y avoir à mettre au monde de pauvres petits êtres qui mourront dans la première jeunesse ou traineront une vie de souffrance ? Ce sont des déchets, des non-valeurs, et mieux vaudrait, pour la société comme pour eux, qu'ils ne voient pas le jour.

L'idéal ne serait-il pas qu'il ne naquit que de beaux et robustes enfants, aptes à parcourir la vie, au lieu de s'éteindre au seuil de l'existence ? Naitre n'est rien, vivre est tout. Empêchez-les donc de mourir, il en naitra toujours assez.

Mais que la perspective de la disparition de vos privilèges masculins n'aille pas vous faire rejeter sur l'ascension de la femme vers la lumière, la justice et le droit, ce qui est le fruit d'une organisation sociale défectueuse et de l'égoïsme d'une classe jouisseuse.

AUX MÈRES

Dépopulation, *malpopulation*, sujets troublants qui, avec les berceaux vides, évoquent le rouge linceul des homicides et, dans un nuage de sang, font passer le spectre des vies tragiquement fauchées. De l'un de ces drames, déjà reculé dans le souvenir, se dégage un enseignement de haute moralité sociale et de bonheur individuel.

Une jeune vierge avait été mariée à un professeur « impuissant à fleurir le lin de la « pourpre des épousailles. » Par sa constitution, il était condamné à une continence rigoureuse. Et pour qu'elle ne fût pas à d'autres, cette femme qui ne pouvait être à lui, un jour, dans un paroxysme de rage, il la *tue*.

Combien touchante elle se révéla par la mort cette martyre silencieuse ; sans une plainte, elle avait souffert les féroces brutalités de celui qui, sachant n'être pas un homme, cyniquement avait voulu devenir un époux; les seins et la poitrine, meurtris de coups de dents, disaient assez à quelles violences il s'était livré dans l'exaspération de ses désirs inassouvis.

Mais de quel droit avait-il lié à sa destinée le sort de cette vierge? De quel droit avait-il voulu l'empêcher d'être femme et de goûter aux joies de l'hyménée?

Quel frisson d'indignation dut parcourir tout son être *à elle* lorsqu'elle connut la vérité et eut conscience de la lâche hypocrisie dont elle était victime!

Mères qui avez des filles, réfléchissez-y, et accordez-moi, je vous prie, quelques instants d'attention.

Il y a plusieurs années, une Américaine rappelait dans une conférence à Paris, tout ce que l'ordinaire façon de contracter mariage contenait d'imprudence et dénotait de légèreté. Elle demandait des garanties réciproques — disons de convenance et d'aptitude — pour les futurs conjoints. Ce fut un rire général et les plaisanteries du genre grivois s'exercèrent pendant quelque temps aux dépens de cette idée. N'est-ce pas là, du reste, le sort de toutes les idées qui rompent en visière avec les préjugés courants ? On lance d'abord contre elles cette arme du ridicule, plus redoutable par la crainte qu'elle inspire que par les coups qu'elle porte.

Qu'y avait-il donc dans la circonstance de si extraordinaire ? Cette constitution de garantie n'était-elle pas une simple extension d'une habitude préexistante ? Ce n'est pas à vous, Messieurs bien rentés, que je l'apprendrai. Si vos fils ou vos filles avaient quelque jour la *fantaisie* de s'unir à de vertueuses filles ou de vaillants gars du peuple, quels cris de paon ne pousseriez-vous pas en clamant à la mésalliance ? Vous vous réservez de leur choisir un *associé* selon votre bourse ; et pour cela vous vous livrez à toutes les enquêtes possibles et impossibles, avouées et inavouables, afin de connaitre *la position de fortune*, dès que des propositions vous sont faites ou qu'une demande vous est adressée. Et vous trouvez votre procédé très naturel et tout à fait moral, car c'est au nom du bonheur de votre enfant — du moins vous l'affirmez — que vous agissez. Mais ce bonheur n'est pas exclusivement tissé de billets de banque, et les chambres conjugales pavées de pièces de vingt francs ne sont pas toujours exemptes de scènes intimes. Je sais qu'avec la garantie pécuniaire, vous n'éprouvez nulle difficulté d'exiger au moins une apparence de garantie morale et une bonne moyenne cérébrale, car ce sont deux facteurs sociaux d'une réelle valeur dans le *struggle for life*. Et vous, belles-mères, vous n'aimez pas, en général, avoir un gendre bossu, borgne ou boiteux ; cela se voit et c'est désagréable.

Ici, nous avons atteint l'extrême limite; les exigences ne vont pas plus loin. Des incapacités physiologiques, des tares de jeunesse, personne n'en a cure ; on n'y pense pas, on ne voudrait pas avoir l'air d'y penser : et l'indifférence des parents n'a d'égale que l'imprévoyance de la société. Puisque celle-ci croit devoir intervenir dans les unions, elle devrait au moins se rappeler qu'elle a un intérêt primordial à ce qu'il ne soit procréé que des enfants sains et vigoureux. Il est vraiment étrange qu'elle exige tant de certificats pour les emplois destinés à son organisation et qu'elle se soucie si peu de la fonction assurant sa pérennité.

Devant cette incurie générale, c'est à vous, mères, qui, malgré tout, aimez vos filles, à les protéger et à les défendre. Pourquoi, lorsqu'un soupirant se présente, ne lui diriez-vous pas : « Monsieur, voici pour vous la certitude que ma fille peut devenir une bonne mère de famille ; j'espère que vous ne nous refuserez pas de passer chez M. le docteur X., pour qu'il vous permette de nous donner les mêmes garanties à l'égard de votre santé et de votre constitution. »

Les imbéciles et les fourbes partiraient en jouant l'indignation et l'ironie ; les honnêtes et les intelligents trouveraient la chose très juste et s'étonneraient même de ne pas y avoir pensé. Une sélection s'opérerait ainsi au grand profit des individus, de la race et de la moralité.

RECHERCHE DE LA PATERNITÉ

Au lieu de gémir sur la dépopulation et de penser à décréter la procréation obligatoire, les contempteurs de la femme seraient plus près de la solution qu'ils prétendent chercher en s'attaquant à une foule d'iniquités sociales, parmi lesquelles l'interdiction de la recherche de la paternité n'est pas la moindre.

Cette question demande à être envisagée à un double point de vue : au point de vue de l'enfant, au point de vue de la femme.

Aussi longtemps que les enfants ne seront pas mis « à la charge de la Société pour leur « entretien et leur éducation, » aussi longtemps que l'héritage constituera une des pierres angulaires de l'édifice social, le père devra participer à cette charge au même titre que la mère. La conception a été leur œuvre à tous les deux ; de leur union a jailli l'étincelle de vie ; tous les deux doivent l'entretenir.

Quelques-uns prétendent que l'égalité de droits entre les enfants naturels et les enfants légitimes serait une mesure suffisante. Avec les députés socialistes qui ont déposé un projet de loi sur la matière, nous disons non. *L'égalité de droits* a pour corollaire indispensable *la recherche de la paternité.*

Tous les articles du Code de 334 à 342 se tiennent ; ils sont les anneaux d'une même chaîne d'infamie qui rive l'enfant né hors mariage à l'injustice.

Mêmes droits aux enfants naturels qu'aux enfants légitimes. Est-ce que des droits de l'enfant légitime ne découlent pas des obligations strictes et précises pour le père ?

Où serait l'égalité si, à côté de l'art. 341 qui dit : La recherche de la maternité est admise, l'article 340 continuait à maintenir son veto : La recherche de la paternité est interdite. Ce serait proclamer les droits et refuser les moyens de les acquérir ; ce serait doubler le cynisme régnant d'une révoltante hypocrisie.

Du reste, la genèse de ce fameux article doit nous mettre en garde.

En 1793, la Convention, après avoir proclamé l'égalité des droits, revint sur son élan généreux et, pour en contrebalancer les effets, décréta que la recherche de la paternité serait interdite. C'est cette mesure anti-égalitaire qui, plus tard, fut inscrite dans le Code.

Tous nous connaissons des descendants d'un même père, placés dans des situations profondément dissemblables, suivant la mère qui leur a donné le jour. En général, les fils de l'amour — sans parler de ceux du hasard — n'ont pas à se féliciter de leur sort. Faut-il qu'ils continuent à être les victimes des égoïstes calculs de leur père et des préjugés sociaux ? Parce que la mère a cessé de plaire ou ne peut « faire figure » dans le « monde » du père, faut-il que l'enfant pâtisse ?

Je réponds non, non, non.

Comment ! Une personne cause — parfois indirectement, et sans le vouloir presque toujours — un accident à une autre ; la loi exige des réparations, une indemnité, une rente même pour le blessé et souvent sa famille ; et celui qui est *cause* directe et toujours voulue, malgré quelquefois que redoutée, de la vie d'un autre être humain ne serait tenu à rien, ne lui devrait rien ? *Père*, il peut impunément renier son enfant et plus tard un dommage fortuit peut l'obliger *comme homme* à lui faire des rentes. Cependant quel tort plus grave pouvait-il lui faire que de le vouer à une vie de privations et d'opprobre ?

Consultez à ce sujet les plus intéressés, les enfants naturels devenus hommes ; ceux qui, à leur berceau, ont connu les étreintes glacées de la misère et, sous les baisers de leur mère, ont senti couler les larmes ; et qui, souvent écrasés dans la lutte, envient la mort et la saluent comme une délivrance. J'attends leur réponse avec confiance.

Non, le droit ne doit pas être à la merci de la générosité ou de la bonne volonté d'un individu. C'est la plus belle prérogative de la société de le sauvegarder à chacun de ses membres et de lui en garantir la jouissance.

∴

Passons du côté des femmes.

Ou bien l'union a été librement consentie de part et d'autre, ou bien elle a été imposée par force, crainte ou surprise.

Dans le premier cas, il y a eu cohabitation ; ils vivaient comme mari et femme ; il a été l'amant ; comme Saint Just, elle a pensé : « Ceux qui s'aiment sont époux », et elle est allée ; confiante elle a eu foi en lui ; il était si pressant ; elle lui a tout donné : cœur, corps, jeunesse, beauté, amour, et l'enfant est venu. Pour elle, c'était le sceau de leur union. Hélas ! Quelle erreur !

Lui commence à réfléchir ; il ajourne la reconnaissance ; la légitimation au moment du mariage sera préférable ; elle le croit..... et puis plus tard, un beau jour, il lui annonce que tout est fini ; il se marie.

Quelques-unes supplient, implorent, évoquent le passé ; d'autres plus fières maudissent et crachent l'injure au visage ; mais pour toutes à l'idylle succède la tragédie ; quelquefois c'est la mort des abandonnés ; ce sont aussi les drames du vitriol et les stations sur les bancs de la Cour d'assises, avec, comme suite, une vie misérable, brisée, jusqu'au jour où, de déchéance en déchéance, elle abandonne le *petit* et s'en va rouler au ruisseau, en attendant d'échouer au lupanar. Alors, c'est fini ; elle ne compte plus comme personne ; elle devient cette chose sans nom destinée à assouvir la bestialité masculine.

∴

Mères abandonnées, que votre amant soit

riche ou pauvre ; que vous ayez caressé l'espoir de devenir la femme ou que votre ambition se soit bornée à être la maîtresse, vous avez eu l'illusion de l'amour ; le souvenir de cette fleur, brutalement cueillie sur vos vingt ans, vous suffit peut-être, et vous refusez la réparation qui, à vos yeux, a des aspects d'aumône. Pour vous, soit, mais lui, « le petit », il faut l'élever ; il faut en faire un homme et c'est difficile pour une femme seule. Avez-vous le droit de vous montrer dédaigneuses ? de le priver de ce qui, en toute justice et équité, lui appartient au même titre qu'à ses frères et sœurs nés selon le Code ? Pensez-y.

Quoi, le père peut jeter son argent aux quatre vents de la folie et son enfant être en proie aux affres de la faim ! Et nous ne protesterions pas ? Ah ! mais si.

Et vous, jeunes ouvrières de fabrique, petites demoiselles de magasin, domestiques ingénues, pour conserver votre morceau de pain, vous avez dû subir les exigences du contre-maître, vous plier aux fantaisies du chef de rayon, satisfaire la lubricité de *Mossieu* ou permettre à son fils de « jeter sa gourme ». Un enfant naît ; on ne vous connaît plus : on ne veut surtout plus vous connaitre ; on vous met à la porte tous les deux, devenez ce que vous pourrez ; après vous, d'autres et... l'honneur est sauf. Et les choses continueraient à aller ainsi ? Elles n'ont, hélas ! que trop duré.

Soyez persuadées que lorsque ces messieurs : Alphonse, Lovelace ou don Juan sauront qu'une bonne petite loi sur la recherche de la paternité peut les obliger à se souvenir, ils se montreront plus circonspects. La crainte de la loi sera pour eux le commencement du respect.

Mères, enfants et société auront tout à y gagner.

Que surtout on ne m'allègue pas les chantages. Les hommes n'oublieront pas de s'entourer de garanties suffisantes pour se mettre à l'abri des gourgandines disposées à leur faire endosser des paternités douteuses. Je n'ai nulle crainte pour eux.

Voyez-vous, en sociologie tout se tient, et tant que nous n'aurons pas conquis la république intégrale, la recherche de la paternité constitue une mesure de garantie individuelle et de haute moralité sociale, qu'il importe de faire aboutir le plus tôt possible.

MISÈRE ET MATERNITE

Des filles, des femmes, des veuves, des jeunes, des vieilles, délaissées, séduites ou perverties, toutes, la maternité au ventre, viennent s'entasser dans les salles d'hôpital pour l'heure de la délivrance. A peine le dernier cri a-t-il expiré sur leurs lèvres qu'elles doivent penser à la sortie. Le temps de leur permettre de se tenir à peu près debout, et on leur montre la porte. « Va où tu pourras, ton « enfant sur les bras ; bien plus lourd, bien « plus encombrant que dans ton sein. Pauvre « petit, meurs si tu veux ; mère, vis si tu peux, « ton enfant né, on vous jette dehors ! »

Oh ! inhumaine société, quelle lourde responsabilité tu endosses, que d'infanticides tu commets ; terrible sera ta condamnation le jour où tu comparaitras devant le tribunal de l'humanité !

Combien j'en ai vu de ces pauvres mères

désolées, se traînant péniblement, parfois aidées d'une bonne vieille femme du peuple qui, prise de compassion, portait l'enfant; combien, dis-je, j'en ai vu s'en allant mendier le maigre secours accordé comme une faveur aux filles-mères qui, après avoir reconnu leur enfant, veulent le garder pour essayer de l'élever.

Je dis aux filles-mères, car vous, femmes, — veuves ou abandonnées — vous n'êtes pas admises à cette aumône. Il y a des catégories et comme votre cas se range dans celles qui sont exclues, inutile d'insister, allez ailleurs. La misère et la maternité ne sont secourables que cataloguées. Il faut être mère dans des conditions déterminées. Mais n'insistons pas ; nous reviendrons sur ce point.

Vous tous qui la voyez passer, essayez de vous représenter les angoisses de cette malheureuse accouchée, ainsi jetée dans la rue, sans domicile, sans ressources, avec la faim qui lui torture l'estomac, la mamelle vide et son petit qui crie. Vous surtout, femmes à qui un mari tendre et affectueux assure « bon souper, bon gîte et le reste », ne méprisez pas cette sœur sur qui s'acharne la destinée comme le vautour sur la souris. — Toutes sont malheureuses et presque toutes des victimes.

Au lieu de détourner dédaigneusement les yeux en disant : *ce n'est qu'une fille*, donnez-lui un regard de bienveillance en pensant : *c'est une mère*. La maternité relève la femme, même celle qui de la rue a glissé au ruisseau.

Rappelez-vous que l'abandon est libre et que cette mère avait le droit — de par la loi — de laisser son enfant à l'hospice. Elle pouvait franchir le seuil sans son fardeau, laisser sa faute — puisque socialement c'est une faute — cachée, et aller partout le front haut, sans autre souci que celui d'elle-même.

Mais non, l'amour maternel l'a emporté ; elle veut garder son petit ; elle veut le voir ; elle veut l'embrasser ; elle veut lui sourire ; *elle veut être mère*, et c'est pour laisser parler son cœur qu'elle est condamnée à toutes les affres de la douleur physique et morale et mise au ban de la Société. C'en est trop vraiment.

A celles qui ont ce courage, cette vertu, j'allais dire, pourquoi ne pas tendre une main secourable ; pourquoi ne pas faire à leur égard largement et noblement acte de solidarité sociale ; pourquoi ne pas mettre une layette à l'enfant sans qu'elle soit sollicitée ; pourquoi ne pas donner quelque argent avant qu'il soit demandé ; vous savez bien qu'elles n'en ont pas, autrement elles ne seraient pas là. *Tisser* une vie n'est donc rien pour vous qui criez si fort à la dépopulation ?

Vous savez qu'il naît chaque année plus de 50.000 enfants naturels pour lesquels il y a au moins 50 0/0 de chances de mort. Eh bien ! décrétez que toute femme en période de gestation ou d'allaitement sera considérée comme remplissant une fonction sociale et comme telle aura droit à l'aide et à la protection sociales, et vous verrez quel coup sera porté à la mortalité. *Secourir la mère, c'est sauver l'enfant.*

ASSISTANCE ET HUMANITÉ

Sans avoir longuement et minutieusement observé, sans avoir scruté dans leurs plus intimes replis les misères sociales, il n'est que trop facile de constater combien notre système d'assistance présente de lacunes ; combien, sans parler de celles qui se cachent, de souffrances ne peuvent arriver à être rencontrées par les mailles de son réseau.

Pour peu que nous soyons compatissants et que nous accordions à ceux qui nous tendent la main un peu de sympathie, *cette aumône du cœur*, plus bienfaisante souvent que l'obole hautaine et dédaigneuse, nous pourrons entendre de tristes révélations ; nous serons stupéfaits d'apprendre comment et dans quel esprit sont conçus les lois et règlements de notre assistance publique, et de quels principes anti-humanitaires ils émanent ; il nous faudra reconnaître que loin de *chercher* à secourir, on vise surtout à *éviter* de secourir ; que les miséreux sont considérés bien plus comme des coupables que comme des victimes ; que l'esprit dans lequel on agit à leur égard a toujours pour formule : *Malheur aux pauvres!*

Si nous nous en rapportons au simple bon sens, qui dit *assistance* dit *aide*, et *aider* quelqu'un c'est le décharger d'une partie de sa peine, la lui rendre moins lourde.

La misère la plus imméritée, celle qui étreint l'enfant, va nous démontrer le contraire et nous révéler l'étendue de notre erreur ; tout autre, en effet, va nous apparaître la réalité, aggravant *même* le dénûment matériel de la torture morale, en faisant évanouir les dernières lueurs d'espérance.

Peu importe les souffrances, les règlements sont là inexorables ; ils répartissent les misères en catégories classées et cataloguées, nous l'avons dit ; et tant pis pour celles qui ne rentrent pas exactement dans un des cas prévus ; entre deux catégories rien à espérer ; les guichets resteront obstinément fermés.

Voyons plutôt.

Une femme, abandonnée par son mari, a

quatre enfants en bas âge ; elle demande un secours à l'assistance départementale.

Refus. Il faudrait que le mari soit *mort* ou que le dernier enfant au moins soit *naturel.*

Elle s'adresse au bureau de bienfaisance de la ville où elle habite ; c'est-à-dire, en langage administratif, à l'assistance communale. Nouveau refus, mais pour une autre raison : elle n'a que *trois* mois de séjour dans la ville, et le *droit* à l'assistance n'est acquis qu'au bout de *six* mois. Que faire ? *Abandonner* ses enfants ou *mendier* pour se faire *emprisonner* et permettre aux petits d'être reçus à l'hospice comme *enfants de détenus.*

Cette autre, veuve, demande soit un secours, soit le placement momentané de ses trois enfants de 10, 4 et 2 ans à l'hospice, mais, dans ce dernier cas, elle veut pouvoir les voir. Entre parenthèse, elle a tout engagé au mont-de-piété avant de recourir à cette mesure extrême, et elle ne demande l'admission que le temps de trouver du travail.

Non, elle ne peut être secourue parce qu'elle a été mariée et qu'elle n'a pas au moins quatre enfants. Ah ! si le dernier était naturel, tout de suite. Elle est libre, il est vrai, de les abandonner, mais alors elle ne les embrassera plus, elle ne les verra plus, elle ne saura même pas où ils seront. Ainsi l'exige le règlement.

Et celle-ci : son mari est à l'hospice, atteint d'une maladie incurable ; elle reste seule pour subvenir aux besoins de quatre enfants. Le propriétaire du grenier qu'elle habite vient de les mettre dehors faute de paiement. Par suite, elle est sans domicile, c'est-à-dire en état de vagabondage, aussi le bureau de bienfaisance lui supprime les 6 livres de pain qu'il lui accordait chaque semaine. Au secours départemental il n'y faut pas songer, le mari n'est pas mort. L'abandon si elle veut.

Et cette parisienne, jeune, 28 ans, abandonnée par son mari avec trois enfants sur les bras de 7, 4 ans et 1 mois ; elle échoue dans une ville de province, séjourne quelques jours dans un bouge d'où elle ne tarde pas à être mise à la porte, comme la précédente, faute de paiement. Le bureau de bienfaisance a deux raisons pour refuser de la connaître : l'état de vagabondage et l'insuffisance du temps de résidence. Le département n'accordera rien aux enfants parce qu'ils ne sont pas naturels, mais le seraient-ils qu'il ne donnerait pas davantage, car étant originaires de la Seine, l'avance ne serait pas remboursée. C'est l'abandon si elle veut, comme les autres, mais elle aime ses enfants, elle les garde et s'en va errant par les rues. Elle est jeune, assez bien mise, l'air honnête, pas laide, des coups d'œil significatifs lui disent les convoitises lubriques, ses enfants pleurent, « maman j'ai faim ». C'en est trop, tant pis ; pour leur acheter du pain, elle vendra son corps à tant l'heure.

Mourir avec eux ou se prostituer pour eux, voilà l'alternative où vous la jetez ; vous ne lui ferez pas un crime, je suppose, de choisir la seconde voie ; les petits n'en sauront rien, eux qui, malgré tout, ne tiennent pas à mourir.

Que signifient ces procédés ?

C'est donc à l'abandon qu'on tient à aboutir puisqu'il revient à chaque fois comme seule solution possible. En vérité c'est étrange. Eh ! oui, ce serait étrange, en effet, d'autant plus qu'au seul point de vue financier ce serait une mauvaise spéculation. Alors pourquoi ? Si ni l'humanité, ni les finances n'y trouvent leur compte.

Naïfs que nous sommes, ne nous laissons pas engluer par les mots ; il y a une pensée qu'on ne dit pas, mais elle domine tout.

Avec ce spectre de la séparation, on espère terroriser l'amour maternel et le faire reculer, et de fait cet escompte est souvent une opération fructueuse ; la pauvre mère, devant cette seule issue ouverte à sa misère, n'écoute que son affection et s'en va en remmenant ses petits, le désespoir au cœur et la faim au ventre, moins cruels pour elle que l'abandon qui lui apparait comme une lâcheté.

De l'autre côté, on se réjouit de s'en être tiré — passsez-moi l'expression — sans rien accorder, c'était là l'essentiel. A quelques variantes près, vous pourrez vous-mêmes faire de semblables constatations. Multipliez ces spécimens par 5 ou 6 mois d'hiver — je passe sur ceux d'été bien que la misère ne chôme jamais, — étendez le résultat à nos 86 départements et vous aurez un aperçu du nombre de petits malheureux que la misère étreint sans secours aucun sur tous les points du territoire ; vous aurez aussi la clef de bien des désespoirs suprêmes.

Ah ! si, comme l'a dit Victor-Hugo, le degré de civilisation se mesure au degré de protection accordé à la femme et à l'enfant, nous sommes encore de fameux barbares !

Ayez, si vous le croyez bon, une assistance

communale et une assistance départementale, je ne discute pas le principe en ce moment, mais si le règlement est absurde, faites-en un autre ; si la loi est inique, changez-la, et que toute détresse soit assurée de trouver aide et soulagement sur l'heure.

Qu'est-ce qui empêche, par exemple, de spécifier les cas, puisqu'on veut des cas, qui incomberont à la commune, et d'attribuer tous les autres, quels qu'ils soient, au département, avec cette réserve que, par suite d'urgence, la commune devra secourir n'importe quelle situation, quitte à se faire rembourser ses avances par le département ?

Mais, de grâce, ne ballottez plus la misère de l'un à l'autre comme une barque désemparée venant échouer entre deux ports où elle croyait aborder ; ne refusez plus votre obole à des enfants sous prétexte qu'ils ne sont pas naturels. — Est-ce leur faute ?

N'obligez plus une mère à choisir entre l'*abandon* ou la *faim* pour ses petits et la *prostitution* pour elle, et ne commettez plus cette barbarie de reprendre un morceau de pain à qui ne peut le manger sous un toit.

L'ENFANT

PETITS MARTYRS

Au n° 37 de la rue des Entrepôts à Saint-Ouen, demeurait avec son amant une fille de 19 ans, Anna Vals, mère d'un petit garçon de 14 mois. D'après les voisins, le pauvre petit était depuis longtemps l'objet de traitements odieux ; sous prétexte de le corriger, — corriger un enfant de 14 mois ! — les deux amants le rouaient de coups. Fin septembre, il mourait subitement ; en présence du petit cadavre qui n'était qu'une plaie, le médecin de l'état civil refusa le permis d'inhumer. Le commissaire de police, informé, se rendit à domicile, accompagné d'un médecin ; celui-ci déclara que l'enfant avait succombé à des sévices graves : il avait des côtes défoncées, une plaie dans la région du cœur, des ecchymoses sur tout le corps et une horrible blessure à l'anus, comme si on avait voulu l'empaler.

Mères qui chérissez vos bébés, vous frémissez d'horreur et d'effroi ; vous vous révoltez indignées ; vous refusez de croire à pareil forfait ; non, dites-vous, ce n'est pas possible ; elle n'était pas sa mère ; c'était tout au plus l'enfant de son amant. Hélas !... *lui* n'était peut-être pas son père, mais *elle*, elle ne pouvait pas le renier, elle l'avait mis au monde ; il portait son nom ; il s'appelait Lucien Vals.

Ainsi la petite Lalie de l'*Assommoir*, tuée lentement à coups de fouet par son père, l'ignoble Bijard, n'est pas un mythe enfanté par l'imagination de M. Zola ; c'est un document humain.

Il est donc vrai que dans les bas-fonds sociaux, existent des fauves, des monstres plutôt, qui n'ont même plus l'instinct des bêtes pour leurs petits, et dont la cruauté s'acharne à torturer jusqu'à l'en faire mourir un être innocent et sans défense.

Oui, contrairement à l'hypothèse optimiste des Jean-Jacques, des Perez, des Preyer et autres philosophes ou psychologues des enfants, il en est qui, en entrant dans la vie, n'y trouvent ni affection, ni protection, ni bonheur, mais haine, malédiction et douleur.

Non, ce n'est pas pour tous que de Laprade a écrit ces beaux vers :

L'enfant est roi parmi nous.
Sitôt qu'il respire,
Son trône est sur nos genoux ;
Il est roi le bel enfant !
Son caprice est triomphant
Dès qu'il veut sourire.

Pour beaucoup, ces strophes ne sont qu'une amère ironie, et mourir une délivrance.

QUE FAIRE ?

Instaurer la protection sociale au berceau.

A six ans, la loi prend l'enfant et dit au père : il n'est pas ta chose ; je ne te reconnais pas le droit d'en disposer selon ton bon plaisir ; il ne t'appartient pas de priver son intelligence de culture. Tu lui as donné la vie, c'est peu ; il faut lui donner le moyen de la pratiquer.

Elle le défend et avec raison contre l'ignorance ; elle veut qu'il goûte au pain de l'esprit, — sans lui garantir, il est vrai, le pain du corps, — mais enfin elle incline la *puissance paternelle* devant le *droit* de l'enfant à l'instruction. Et à six mois, elle le laisse seul en face de la cruauté, des préjugés, des suggestions de la misère et de la bestialité.

N'y a-t-il pas là un illogisme absolu ? Est-ce que la protection physique ne devrait pas précéder la protection intellectuelle ?

A quoi servira la sauvegarde des droits de l'esprit, si le corps a été frappé d'arrêt dans son développement ? Quel travail peut fournir l'intelligence quand l'organisme est faible, débile et maladif ?

Déjà un pas a été fait dans cette voie en faveur des enfants placés en nourrice, et il a été consacré par la loi du 23 décembre 1874, dont l'article 1er est ainsi conçu : « Tout enfant âgé « de moins de deux ans, qui est placé, moyen- « nant salaire, en nourrice, en sevrage ou en « garde, hors du domicile de ses parents, de- « vient, par ce fait, l'objet d'une surveillance « de l'autorité publique, ayant pour but de pro- « téger sa vie et sa santé. »

Pourquoi ne pas étendre cette protection aux enfants élevés dans la famille, et au texte diffus et enchevêtré qui précède; ne pas substituer la rédaction claire et précise proposée par le groupe de la *Solidarité des Femmes*, dans une pétition à la Chambre : « Tout enfant,

« en naissant, devient, de la part de l'administration, l'objet d'une surveillance ayant pour « but de protéger sa vie et sa santé. »

Avec cette mesure, un médecin devant chaque mois (1) aller visiter et *examiner* tous les enfants en bas âge, ainsi que cela se pratique actuellement pour les seuls nourrissons, il ne serait plus possible à des brutes comme celles de Saint-Ouen, de se livrer à la torture à loisir, et de perpétrer impunément un infanticide.

(1) Si nous en croyons une note récente parue dans les journaux, la direction générale de l'hygiène publique aurait invité les préfets à élaborer un règlement en vertu duquel « tout enfant placé en nourrice sera visité « mensuellement par le médecin-inspecteur jusqu'à ce « qu'il ait atteint l'âge de six mois. »

« Depuis l'âge de six mois révolus, jusqu'à l'âge de « deux ans, la visite obligatoire *sera seulement trimes-« trielle.* » (28 décembre 1895.)

Pourquoi cette restriction à l'article 20 du règlement d'administration publique du 27 février 1877, qui spécifie que le médecin-inspecteur « doit visiter l'enfant au « moins une fois par mois. » Est-ce qu'avec de semblables mesures la loi de 1874, déjà si insuffisante, ne deviendra pas tout à fait illusoire ? C'est le contraire que nous comprendrions : au lieu de restreindre les visites après l'âge de six mois et de les rendre seulement trimestrielles, nous voudrions les voir bi-mensuelles jusqu'à cet âge.

Le jour où les médecins seront chargés de défendre tous les petits enfants contre l'ignorance, les préjugés, la mauvaise hygiène et la cruauté de leurs parents; le jour où ils auront accès auprès de tous les berceaux, ils ne seront peut-être plus appelés à constater qu'un petit cadavre de quatorze mois a des côtes défoncées, des ecchymoses sur tout le corps et porte les traces de l'empalement.

A défaut de l'affection, ils inspireront une crainte salutaire. — Est-ce que les nourrices *faiseuses d'anges* n'ont pas disparu depuis la loi dont nous demandons l'extension? — S'ils sont impuissants à procurer les baisers, ils préserveront au moins des coups, et si, malgré tout, l'enfant leur apparaît comme une victime, ils seront là pour demander à temps à la Société de s'en charger et le sauver du martyre.

Ce sont là des cas extrêmes et fort heureusement exceptionnels, dira-t-on. Je le sais. Mais combien d'enfants meurent qui survivraient s'ils étaient soumis à des soins éclairés; combien de mères, même parmi les mieux intentionnées, perpétuent les « faiseuses d'anges »; sans doute elles ne sont pas criminelles, et la routine et l'ignorance sont les seuls coupables. Cela empêche-t-il les victimes ?

Ici une alimentation défectueuse est la grande pourvoyeuse de la mort ; là, un emmaillotement barbare fabrique des estropiés et des infirmes ; ailleurs, les remèdes de « bonnes femmes » ou les pratiques superstitieuses aggravent les maladies au lieu de les guérir, comme ces expositions sur un tombeau du Christ — à quinze lieues de Paris — déclarées infaillibles contre le carreau.

Un volume ne suffirait pas à décrire les incroyables procédés usités envers ces malheureux petits êtres sans défense, sans parler de ce qui ne se fait pas et devrait se faire.

Et le *Droit du père,* que devient-il avec cette entrée à toute heure du médecin dans la maison ? vont s'écrier les défenseurs du pouvoir absolu dans la famille.

Droit du père, droit du mari, vieilles formules *romaines* restaurées par le Code, dont les partisans, emportés par la force des choses, sapent chaque jour eux-mêmes la base.

J'ai rappelé plus haut la loi scolaire ; en voici une autre sur les enfants maltraités et moralement abandonnés, qui permet de transférer à la

Société les droits du père, et de déclarer celui-ci légalement mort à l'égard de ses enfants. Quelle mesure plus radicale pourrait être prise? Nous n'en demanderons pas autant.

Mais n'aurions-nous pas de précédents que nous n'hésiterions pas davantage. Pour nous, socialistes, le droit de l'enfant à la vie et le parfait développement de l'être humain constituent l'affirmation supérieure, l'intérêt primordial.

A la Société incombe le devoir de le garantir envers et contre tous, et son intervention dès le berceau aurait certainement les plus heureux résultats. La diminution de la mortalité infantile chez les nourrissons, dans tous les départements où la surveillance s'exerce réellement, en est une preuve irréfutable ; si bien qu'aujourd'hui, ils ont deux fois plus de chances de survie — les statistiques le prouvent — que la moyenne des enfants élevés dans la famille (1).

Eh bien ! ne permettons plus au hasard ou au caprice de présider à la direction d'aucune de ces frêles existences ; éclairons la tendresse des pa-

(1) Académie de Médecine : Rapports annuels de la Commission permanente de l'Hygiène de l'Enfance. (Année 1894).

rents; au besoin, imposons-leur la lumière. Que les progrès de la science avec les préceptes de l'hygiène pénètrent dans toutes les chaumières, pour y porter la santé, ce précieux talisman sans lequel la vie est toujours pénible à supporter; à la routine et à l'empirisme, substituons la raison et la méthode. Ainsi nous formerons des enfants robustes et vigoureux, qui deviendront des hommes énergiques et bons.

Au lieu de dire brutalement aux femmes qu'il faut des enfants et qu'elles doivent, par-dessus tout, se considérer comme des machines à en faire, dussent-elles en mourir, il faudrait s'entourer de toutes les garanties légales et scientifiques possibles pour conserver ceux qui naissent.

En présence des petits martyrs et au nom de l'inviolabilité de la vie humaine, l'intervention sociale au foyer s'impose impérieusement.

MESURES IMMÉDIATES

Avant d'obtenir la modification réclamée par la *Solidarité,* bien des enfants passeront encore de vie à trépas ; bien des infanticides sournoisement ou brutalement préparés s'accompliront et, dans une douce quiétude, la sacro-sainte administration continuera de sommeiller sans nul souci de ses devoirs et de sa responsabilité.

Et cependant, elle pourrait combattre la mort plus efficacement qu'elle ne le fait. Le maniement intelligent des armes — si rudimentaires soient-elles — forgées par la loi contre la mort, suffirait à sauver bien des existences. C'était la pensée, et c'est aussi la nôtre, de ces savants et de ces philanthropes qui, dans un de leurs congrès, demandaient *l'application immédiate et obligatoire de la loi Roussel.*

Bien que promulguée depuis plus de vingt ans, cette loi humanitaire est, en effet, restée facultative ; dans une douzaine de départements, elle est encore lettre morte ; dans d'autres, les crédits votés pour son fonctionnement sont dérisoires. Bref, elle est complètement subordonnée au bon vouloir des Conseils généraux, et on en a vu, pour boucler le budget, supprimer purement et simplement les sommes allouées à ce service, mais ils se gardaient bien de toucher aux subventions des courses. Le cheval d'abord, l'enfant ensuite.

Indifférence ou obstruction éminemment coupables, car dans les départements où la loi est appliquée avec méthode, la mortalité des nourrissons a diminué dans des proportions considérables.

Témoin le Calvados : vers 1879, la proportion des décès était de 30 %. Survint un préfet qui pensa à cette loi — *le préfet poupon* comme il fut surnommé — et en 1882, la mortalité tombait à 11,56 %. Depuis lors, la progression a été continue, et en 1892, elle était descendue à 6,40 %. Dans une période de quinze ans, les chances de vie avaient donc quintuplé.

En présence de ces résultats, des assemblées départementales doivent-elles continuer à méconnaître la loi et à se montrer assez sauvages pour dire « les enfants, ça ne nous regarde « pas ; qu'ils meurent ou qu'ils vivent, nous « n'en avons cure, et nous ne donnerons pas « un sou? »

N'est-il pas révoltant de voir entourée de la plus vive sollicitude l'amélioration des différentes espèces domestiques, du cheval au lapin et du bœuf au canard, et des enfants mourir faute d'un peu d'argent ?

La contrainte sociale s'exerce] dans des circonstances où elle est bien moins justifiée.

Et puis, ce n'est pas [tout. Avec cette hypocrisie qui nous ronge, quand on affiche la protection, on cherche à [protéger le moins possible. Il n'est pas de restrictions auxquelles on ne se soit ingénié.

Jusqu'en 1887, tous les enfants placés en nourrice pouvaient être indistinctement protégés ; survint une circulaire qui déclara que les enfants confiés à leurs *grands-parents* ne devaient pas bénéficier de la surveillance médicale. Et aujourd'hui nous assistons à ce spectacle : quelques rares départements sont restés fidèles à l'ancienne interprétation ; la grande majorité a exclu sans distinction tous les enfants placés chez des ascendants et quelquefois même, dans un excès de zèle réactionnaire, chez des collatéraux, et enfin un seul a réduit la circulaire à la portion congrue ; il ne lui accorde que les enfants légitimes, en se basant sur ce fait légal que « *les enfants naturels n'entrent pas dans la famille* ». Très sage mesure, car ces innocentes victimes de l'égoïsme masculin sont les plus exposées à la mort. Les paysans, naturellement peu sensibles, n'ont en général pour les « bâtards » qu'une affection très modérée, et le désir de s'en débarrasser est trop souvent manifeste ; on ne les considère, en effet, que comme une charge pour le présent et un obstacle à l'établissement de la mère dans l'avenir.

Eh bien ! ce qu'une circulaire a défait, une autre circulaire peut le refaire et venir prescrire nettement que l'article premier de la loi du 23 décembre 1874 doit comprendre tous les enfants placés hors du domicile de *leurs père et mère.*

La statistique va encore nous fournir l'appui de ses arguments.

En 1892 (1), pour 37 départements qui ont

(1) Académie de médecine, rapport déjà cité.

fourni des renseignements, le nombre des enfants protégés a été de 102.408 et la mortalité de 9.357, soit une proportion de 9,13 %.

La moyenne de la mortalité générale des enfants du premier âge, de zéro à un an, a été de 16,1 %. Dans 10 départements, cette moyenne a atteint et même dépassé 20 %.

Si les enfants en nourrice, en entrant dans le calcul du taux de mortalité *générale*, ne venaient l'abaisser, il ressortirait à environ 18 % pour les enfants non soumis à la protection médicale, soit presque le double de celui des nourrissons.

N'est-ce pas une criminelle aberration de vouloir restreindre l'application de la loi ?

Enfin, il serait également très désirable que, *par analogie*, la protection soit étendue à toute une classe très intéressante d'enfants : je veux parler des enfants secourus temporairement et *élevés par leur mère*. J'ai dit « par analogie », la voici ; il existe deux sortes d'enfants assistés : 1° les enfants assistés proprement dits : orphelins, abandonnés et moralement abandonnés, placés sous la tutelle administrative, élevés aux frais de la collectivité et soumis à la surveillance médicale, si leur âge le demande ; 2° les enfants secourus temporairement et dont la charge est supportée par la mère et la société ; celle-ci accorde un secours — un salaire — jusqu'à l'âge de trois ou quatre ans, pour que la mère garde son enfant au lieu de l'abandonner. Pendant ce temps, l'assistance publique exerce le contrôle social *une fois l'an* sur les soins donnés à l'enfant comme sur ses pupilles proprement dits. Ne serait-il pas tout à fait logique de faire l'assimilation également pour la protection médicale ?

En attendant plus et mieux, ces mesures de détail auraient pour effet de sauver des milliers de petits êtres, voués sans cela à une mort certaine aussi sûrement que par la suppression violente.

SEIN, BIBERON ET CRÈCHE

A côté des mères qui ne savent pas ou qui ne veulent pas élever leurs enfants, il y a celles qui ne peuvent pas. Dans notre fin de dix-neuvième siècle, des enfants passent encore de vie à trépas, faute d'aliments. Ici, la mère insuffisamment nourrie ne peut satisfaire à son double appétit, perd peu à peu ses forces et finit par manquer de lait ; là, le prix élevé du bon lait étranger l'empêche d'en acheter de qualité et en quantité suffisantes ; chaque jour, elle assiste impuissante au dépérissement de son enfant jusqu'à l'heure où l'athrepsie termine leur martyre à tous deux, en emportant le petit.

Pauvres mères, pauvres enfants, abandonnés à eux-mêmes par un état social barbare, qui saura jamais leurs angoisses et leurs souffrances ! Qui en connaitra jamais le nombre ! N'est-elle pas révoltante, cette insouciance sociale qui laisse à de trop rares initiatives individuelles le soin d'en sauver quelques-uns, au *hasard* des rencontres et au *prorata* de leurs ressources ? Telle cette Société de l'allaitement maternel, fondée à Paris par une femme généreuse et dévouée qui, dans la mesure de ses moyens, arrache chaque année quelques milliers de vies à la mort ou les sauve de l'avortement.

De 1877 à 1879, l'œuvre a assisté 60.000 enfants. C'est admirable. Oui, pour elle, mais pour *la Société...* ?

Que seraient-ils devenus ces 60.000 nouveau-nés s'il ne s'était trouvé une femme pour consacrer son temps, son énergie, son cœur et sa fortune à faire le bien qui devrait être prévu et fait par la collectivité ? Comment qualifier l'incurie sociale, quand nous saurons que le nombre des demandes est de 50 à 60 par jour, à peu près 20.000 par an et qu'il y a environ 14.000 requêtes auxquelles on ne peut faire droit ? Avec la fondatrice, nous demeurons absolument épouvantés, et notre épouvante devient de la terreur, si de Paris nous jetons les regards sur la France entière.

Croyez-vous que la hideuse guillotine, fonctionnant du matin au soir, accomplirait une besogne plus criminelle et plus destructive que cet abandon ?

Privé du sein maternel, l'enfant a sept fois plus de chances de mort. Donnez donc à toutes les *mères* la possibilité d'allaiter leurs *petits*. Pourquoi ne pas élever la maternité à la hauteur d'une fonction sociale ? Il n'en est pas de plus haute. Pourquoi à côté — en attendant à la place — du budget de la guerre, ne pas créer le budget de la mère, à côté du budget de la destruction et de la mort, le budget de l'entretien et de la vie ?

Elles sont légion, vous dis-je, les mères qui ne peuvent pas nourrir leurs petits. Quelle barbarie et quelle honte de laisser mourir les bébés sur les seins flétris !

⁂

Mais industrialisée à outrance, la femme restera longtemps encore dans l'impossibilité de remplir sa mission primordiale dans toute sa plénitude. Engrenée dans un mécanisme économique aveugle, où, par un renversement stupide, l'individu et l'espèce sont sacrifiés à la production, elle ne retrouvera le temps et les ressources pour être complètement mère qu'avec une organisation qui donnera à la maternité la place à laquelle elle a droit par son importance.

En attendant, *que* le pis-aller de l'élevage artificiel reçoive au moins tous les perfectionnements indiqués par la science ! Puisque les vaches sont substituées aux mères, fournissez-nous au moins des vaches saines. A l'instar de Vienne, Berlin, Genève, Zurich, etc., que Paris et nos autres grandes villes créent des vacheries municipales, où de bonnes laitières choisies et soumises à une alimentation rationnelle donneraient un lait presque toujours identique à lui-même, ainsi que cela a été obtenu à Mayence.

La statistique montre que la mortalité infantile a sensiblement décru dans les villes pourvues de ces établissements.

Comme complément des vacheries, un service municipal de la stérilisation et la mise du lait ainsi purifié à la portée de toutes les mères, *avec* ou *sans* bourse.

Des dépôts seraient établis dans les hôpitaux, les bureaux de bienfaisance, les dispensaires, les mairies, les crèches, etc., voire même chez des pharmaciens si besoin était. En agissant de la sorte, l'assistance publique se montrerait sagement prévoyante. Après le sein, rien ne vaut le lait stérilisé ; grâce à son emploi, le docteur Uhlig a pu, à la polyclinique de Leipsig, réduire la mortalité des enfants athrepsiques de 80 0/0, alors qu'il était admis qu'ils ne guérissaient que rarement.

En présence de ces résultats, combien il est triste de constater que, dans telle grande ville du Nord-Ouest, de 1887 à 1893, sur 6.744 enfants décédés avant l'âge d'un an, 3.892, soit 58 0/0, ont succombé à la diarrhée microbienne, Ces 3.892 morts représentent de véritables homicides puisque la diarrhée microbienne est une maladie *évitable* par la stérilisation.

Dans cette ville même, le médecin président de la Société protectrice de l'Enfance déclare depuis longtemps n'avoir pas eu un seul décès par cette cause dans sa clientèle, chez les enfants élevés au lait concentré ou stérilisé.

Et vous viendrez nous parler de dépopulation faute de naissance ! vous voilà pris en flagrant délit d'inertie en face de la mort. Mettez d'abord du lait stérilisé dans les biberons de tous les bébés qui ne peuvent sucer la vie aux mamelles maternelles.

*
* *

Cette première besogne de sauvetage contre la mort, la plus impérieuse de toutes, appelle comme suite naturelle les mesures propres à assurer le développement normal et régulier de l'enfant.

Nous avons la gratuité de l'instruction, avec de-ci, de-là, tant bien que mal, plutôt mal que bien, des cantines scolaires ; nous avons aussi des écoles maternelles, mais, à part de rares exceptions, nous n'avons pas de crèches municipales.

Toujours notre détestable habitude de commencer les choses par le sommet au lieu de les édifier par la base. Nous pensons à l'enfant quand la période la plus difficile et la plus périlleuse est passée.

Est-ce que ces utiles établissements ne devraient pas, au même titre que les écoles de tout ordre, avoir leur chapitre au budget national ? Mais non ; on accorde quelques maigres subventions à des sociétés particulières, dont le caractère confessionnel et l'étroit sectarisme ne sont pas les moindres défauts, et on se croit quitte. En vérité, c'est à bon marché. Nous voudrions de belles et vastes constructions, recevant à flot l'air et la lumière, établies d'après toutes les règles du confort et de l'hygiène, entourées de pelouses et de jardins. Sous la direction de femmes habiles, dévouées et instruites, les enfants y seraient entourés de tous ces soins multiples et minutieux que demande leur âge, et impossibles, presque toujours, à leur procurer dans chaque ménage. *Ils devraient être soumis à un véritable entraînement sanitaire.*

L'influence ne se bornerait pas à cette action directe à la crèche. Les mères comprendraient vite les avantages de cet élevage rationnel ; il deviendrait pour elles une leçon de choses, une sorte d'enseignement par l'aspect et elles arriveraient à se familiariser avec des notions auxquelles elles sont pour la plupart absolument étrangères aujourd'hui sinon hostiles.

De plus, la crèche pourrait facilement se transformer en *école d'élevage* au sens strict du mot. Les grandes filles des cours supérieurs et professionnels, ces mamans de demain, viendraient chaque semaine y passer un certain nombre d'heures, y faire leur apprentissage maternel.

N'est-il pas étrange qu'on apprenne à être

couturière, repasseuse, blanchisseuse, modiste, etc., et que la fonction capitale de la femme, celle de mère, soit systématiquement délaissée? De même que pour devenir une bonne ménagère, il faut l'apprendre; de même une bonne mère de famille ne s'improvise pas. Qui oserait affirmer que l'inexpérience de la jeune mère en présence de son premier-né ne la pousse pas à le confier à des mains étrangères?

Entrée dans cette voie, elle continuera et ce qu'elle fait pour le premier, elle le fera pour les suivants. Faites-lui connaître le charme des bébés avant qu'elle en ait, et l'heure venue, à aucun prix, elle ne voudra se séparer des siens. Faites son initiation méthodiquement et scientifiquement dans les *nurseries*, et plus tard ce sera tout bonheur pour elle et tout profit pour l'espèce (1).

(1) Ces pages étaient écrites, lorsque le 26 décembre 1895, le Conseil municipal de Paris a adopté un projet de délibération invitant l'Administration :

1° A présenter au Conseil un projet de création de cours pratiques sur les soins à donner aux enfants en bas âge. Ces cours seront destinés aux personnes qui se chargent de la garde de ces enfants et aux jeunes filles des classes supérieures des écoles de la Ville de Paris ;

2° A présenter, en 1896, une étude complète indiquant les quartiers de Paris où, l'initiative privée faisant défaut, il serait nécessaire de créer des crèches municipales.

CANTINES SCOLAIRES

Lorsque sous le coup d'un accès d'humanité ou d'une crainte salutaire — peu importe la cause — le Parlement vote une loi réparatrice, trop souvent on s'aperçoit qu'il a négligé d'assurer les voies et moyens nécessaires à l'exécution. N'est-ce pas le cas de celle du 28 mars 1882, qui rend l'instruction obligatoire pour tous les enfants de 6 à 13 ans, et a cru la mettre à leur portée en la déclarant gratuite ? L'instruction gratuite n'assure pas le pain. Vouloir soustraire l'enfant à l'ignorance est assurément très louable, mais lui épargner la faim me parait avant tout indispensable. Ceci doit précéder cela. En même temps que le droit à l'instruction, il fallait proclamer le droit à l'assistance. Avant d'apprendre, il faut manger.

Remplir le cerveau tandis que la faim torture le ventre et ruine la santé, c'est provoquer et légitimer la révolte du petit malheureux, et l'autoriser à se dresser plus tard devant la Société et à lui tenir un langage comme celui-ci : Tu m'as créé des besoins, tu m'as fait entrevoir un idéal meilleur, tu m'as dit : travaille et tu jouiras de cet horizon où la lumière est plus pure et la vie plus douce. Hélas ! j'ai obéi, et en allant apprendre à lire et à écrire avec l'estomac vide, j'ai perdu ma santé. La maigre part qui, chaque matin, me revenait sur la soupe commune à mes frères et à moi, ne faisait que tromper ma faim. Et le soir, lorsque sans pain, sans feu, j'allais me jeter sur notre misérable grabat, la joue mouillée par les larmes qui glaçaient le baiser de ma mère, je soupçonnais l'horrible misère qui était notre partage, et je songeais

Oui, je songeais que, par mon travail, je pourrais atténuer cette ironie de la destinée. Mais non, il fallait aller à l'école pour devenir meilleur, pour apprendre ce que tu faisais pour moi. Eh bien ! je ne le sais que trop. Tu m'as rendu plus malheureux en me permettant de juger de l'étendue de mon malheur. Et aujourd'hui tu voudrais que je t'aime, que je te respecte. Oh ! non, je te hais, je te méprise, je suis un révolté !..... Qui oserait lui donner tort ?

Le tableau est chargé à dessein, vont murmurer quelques satisfaits.

Pas du tout, et voici un exemple dont d'autres que moi peuvent garantir l'authenticité. Dans une grande ville du Sud-Est, j'ai connu une famille avec 5 enfants de 12, 8, 5, 3 ans et 15 mois. Le père, ouvrier cordonnier, atteint d'une affection de la vue, souvent ne gagnait pas 5 francs par semaine, et fréquemment les deux aînés partaient à l'école sans avoir mangé et sans autre espoir qu'un morceau de pain à midi. Le bureau de bienfaisance ne voulait pas connaitre cette misère ; la dame visiteuse du quartier avait fait retirer les secours à ces mécréants qui, malgré ses objurgations, persistaient à envoyer leurs enfants à « *la laïque* ». Ce furent les maitres-adjoints de l'école qui durent prendre pitié des pauvres petits en les recevant à tour de rôle à leur table.

Combien trouverions-nous de faits semblables s'il nous était donné d'explorer les quartiers populeux des grandes villes !

L'instruction pour tous n'est qu'un leurre, tant que le pain pour tous n'est qu'un mythe.

Mais le moyen ? On ne peut cependant pas nourrir tous les enfants à frais commun ? Ah!

on ne peut pas, et pourquoi donc, s'il vous plaît? Parce que c'est du socialisme pur, clament certains cerveaux étroits. Eh bien! puisque *socialisme* est synonyme *d'humanité*, faites du socialisme et donnez du pain aux petits qui ont faim. *Créez des cantines scolaires.* Non pas qu'elles soient un idéal avec leurs payants et leurs gratuits, sans parler de ceux qui les dédaignent. Mais enfin si l'égalité n'y trouve pas absolument son compte, la solidarité y reçoit un commencement de satisfaction et — résultat précieux — la misère est obligée de lâcher sa victime à la porte. Arène contre l'ignorance, l'école devient encore lieu d'asile contre la faim. Voyez du reste les résultats obtenus là où cette institution existe, et vous reconnaitrez combien elle répond à un besoin.

Prenons le XVIIIe arrondissement, celui qui a été cité au Conseil municipal comme un modèle — c'est aussi l'un des arrondissements socialistes par excellence. — En 1891, les portions délivrées ont atteint le chiffre de. 2.450.492
sur ce nombre. 1.658.125
ont été gratuites, soit 67,66 0/0, plus des *deux tiers*. Leur utilité n'est-elle pas surabondam-

ment démontrée? De plus, les repas servis ont été en progression considérable sur 1890, où ils s'étaient élevés à 2.184.730
ce qui laisse apparaître pour 1891
un excédent de 265.762
soit une augmentation de 12,16 0/0 ; proportion énorme qui prouve que la misère est loin de diminuer, la tendance des parents à se décharger du soin de nourrir leurs enfants étant ici complètement hors de cause. En effet, les enquêtes faites sur les demandes de gratuité, toujours de plus en plus nombreuses, prouvent qu'à de rares exceptions près, ces demandes sont malheureusement trop justifiées (1).

Et savez-vous quel a été le montant de la dépense dans cette même année 1891? 142.158 f. 60. Partagée seulement entre les 1.658.125 portions gratuites, cette somme les fait ressortir chacune à 8 centimes 1/2. Oui, pas deux sous, c'est merveilleux. Hélas! non, c'est simplement dérisoire, et si on n'a pas fait mieux, c'est qu'on n'a pas pu. Au gigot et au jambon frais distribués deux fois par mois en 1890, il a fallu

(1) Depuis lors, l'œuvre n'a fait que progresser. En 1894, il a été distribué 1.812.120 portions gratuites, soit 153.995 de plus qu'en 1891, et 128,158 soupes du matin.

substituer uniformément le bœuf; de plus, le saucisson ou le fromage du goûter de 4 heures ont été supprimés, et les petits des garderies mis au pain sec. Voilà pour l'arrondissement modèle. Ce n'est même pas du *bien-être* qu'il procure, c'est un peu de *mal-être* qu'il enlève. Mais ce peu vaut mieux que rien. Nous ne sommes pas parstian du tout ou rien.

Si nous franchissons le mur d'enceinte, nous trouvons les cantines scolaires installées au Perreux. Elles fournissent en moyenne 58 repas gratuits par jour. Les écoles étant fréquentées par 410 enfants, c'est le septième des élèves qui ont été nourris gratuitement. Et voici ce qu'on sert gratuitement, ou pour 0 fr. 20 à ceux qui peuvent payer :

40 centilitres de bouillon gras;

15 grammes de pain blanc trempé dans le bouillon;

100 grammes de viande cuite ;

200 grammes de pain blanc ;

1/5 de litre de vin coupé d'eau.

Ce repas coûte 0 fr. 25 à la commune. Si nous prenons 40 semaines à 5 jours de classe, nous arrivons à une dépense de 2.900 francs pour l'année. Trouvez de l'argent mieux placé que celui-là.

Pour être complet, nous dirons comment on procède. Le matin, le maître et la maîtresse distribuent des cachets aux enfants apportant leurs petits 20 centimes et aux enfants indigents ; de sorte que ceux qui sont nourris gratuitement ne sont pas connus des autres ; point important : toute marque de charité est ainsi enlevée à ce service public communal, et la dignité des parents et des enfants est sauve.

Avec la conquête des municipalités par les socialistes, ce service ira certainement en se développant et l'exemple de Roubaix ne manquera pas d'être suivi. Cette ville compte 11.705 enfants dans ses écoles, dont 8.532 soit 73 0/0, sont classés comme indigents. Pour donner un repas gratuit par chaque jour de classe pendant une année à ces 8.532 petites bouches, il fallait 341.000 francs ; le Conseil municipal n'a pu voter que 213.000 francs, mais il espérait bien par des souscriptions volontaires, des fêtes et de nouvelles économies réaliser les 128.000 francs encore nécessaires. J'ai dit par de nouvelles économies, car c'est à force d'économies qu'il est déjà parvenu à se procurer les 213 premiers mille francs, alors que l'administration précédente n'avait pu trouver que 2.600 francs pour distribuer des vêtements.

Marseille, Narbonne, Montluçon, Toulon se sont également mises à l'œuvre.

A défaut de bonne volonté de la part des corps élus, il faudrait déterminer un mouvement d'agitation en faveur des *petits sans pain* qui vont à l'école, et, sous ce rapport, les femmes peuvent beaucoup ; si elles étaient conseillères municipales, elles pourraient davantage, mais, en attendant, qu'elles imitent celles de Lille. Les vaillantes citoyennes de cette grande cité se sont révoltées en voyant leur municipalité — une des plus riches de France, — inscrire à son budget 20.000 frans, 1 franc par an et par enfant. pour donner un peu de lait coupé d'eau aux bambins des écoles maternelles. Elles ont constitué un *Comité des Femmes de Lille pour l'obtention des cantines scolaires*. Ce comité a adressé une pétition aux élus et un appel aux femmes. Il rappelait très justement «qu'une ville dont le budget « se chiffre par des millions peut bien en affec-

« ter une partie à procurer *un peu de mieux-*
« *être aux enfants des pauvres, quand elle*
« *paye pour les amusements des riches des*
« *centaines de mille francs aux théâtres,*
« *aux courses, etc.* »

On ne saurait mieux dire ni mieux faire. L'argument est excellent ; emparez-vous-en, mères de familles ; nombreuses sont les villes où vous pouvez le jeter dans la balance en faveur de vos petits ; n'hésitez pas et rappelez-vous le vieux proverbe : *Ce que femme veut*...... et ajoutons *que l'enfant en profite !*

CEMPUIS

Vous avez souvenance, socialistes et libres-penseurs, de cette bataille engagée autour de l'Orphelinat désormais célèbre de Cempuis, dont les cléricaux, servis par un gouvernement sans vergogne, avaient résolu d'anéantir la méthode et l'esprit.

Peu importe comment, il fallait que disparaisse ce redoutable champ d'expérience, où des hommes « convaincus et convaincants », les Robin, les Guilhot, les Delon, jetaient les bases de la pédagogie rationnelle et initiaient chaque année, pendant les vacances, des éducateurs de tous les pays à l'enseignement de l'avenir.

Cette propagande contre la routine et l'empirisme s'affirmait avec un succès trop éclatant et trop réel ; coûte que coûte, il fallait l'arrêter et en détruire les effets. Ont-ils réussi ? Pour le bien de l'Humanité, nous espérons que non.

Dans l'éternelle lutte de ce qui meurt et de ce qui naît, l'avenir est à la vie.

Et c'est bien la vie, la vie complète et normale, que prépare dans l'enfant cette pédagogie assise sur la neutralité religieuse la plus absolue, l'intégralité du développement de l'individu et la coéducation des sexes.

Avec cette trinité, d'autoritaire, compressive et négative qu'elle était, la science de l'éducation devient émancipatrice, expansive et positive.

Tout d'abord, elle élimine l'idée religieuse et métaphysique, et place l'enfant en face des réalités. Jamais, dans aucune explication des phénomènes, elle ne recourt à l'hypothèse Dieu, non pas qu'elle enseigne l'athéisme ou le matérialisme ; non pas qu'elle ne parle systématiquement jamais de Dieu. Mais toutes les fois que, dans l'exposé des faits passés ou dans les morceaux de littérature, apparaît une forme quelconque de l'idée fondamentale des religions, les élèves sont immédiatement prévenus qu'il ne faut voir là qu'un des modes d'explication temporaires et variables de l'Univers, et on leur rappelle que la science n'a pas encore résolu le problème de l'origine du monde; que nous savons le *comment*, mais pas le *pourquoi* des choses. « Et cet enseigne-« ment a pour effet certain de rendre les élè-« ves tolérants pour toutes les religions — et « plus tard pour tous les systèmes philosophi-« ques — qu'ils s'habituent à considérer comme « des phénomènes sociaux intéressants au « même titre — mais pas plus — que les « autres qui ont évolué parallèlement : formes « de gouvernement, beaux-arts, mœurs, cou-« tumes. » (1)

Voilà pour la neutralité. M. Robin va nous dire lui-même comment il comprend l'intégralité (2).

« Eliminant résolument de la formule les « facteurs imaginaires, la science considère « l'être humain comme un tout solidaire, com-« prenant des organes, des énergies, des facul-« tés de divers ordres, dont les activités mul-« tiples s'expriment par cet ensemble d'actes « physiques, intellectuels et passionnels qui « est la vie. Concevez ces éléments, de nature

(1) *Revue pédagogique belge*, numéro du 15 octobre 1894.

(2) Manifeste aux amis de l'instruction et du progrès pour la diffusion des principes, méthodes et procédés de l'Éducation intégrale.

« différente, comme atteignant chacun la li-
« mite la plus élevée de son développement
« normal, et, en même temps, se coordonnant,
« s'équilibrant, se concertant dans une parfaite
« harmonie : c'est l'idéal scientifique, le type
« de l'homme résumant toutes les conditions
« de perfection et de bonheur, de l'homme
« complet, *intégral.* »

« De même que l'être, à qui manque un sens,
« un organe, *l'homme* auquel une des facultés
« essentielles à l'espèce fait défaut, est un
« exemplaire incomplet et difforme. Ainsi que
« la santé physique consiste dans la pondéra-
« tion des divers systèmes organiques et leur
« fonctionnement synergique, la santé intellec-
« tuelle et morale est la résultante des facultés
« normalement développées et toutes harmoni-
« quement convergentes. C'est la disproportion
« des facultés, les unes inconsciemment ou sys-
« tématiquement déprimées, les autres exaltées
« outre mesure et jetées hors de voie, faute de
« contrepoids, qui fait toutes ces organisations
« malheureuses et nuisibles, déséquilibrées, et
« ces luttes intérieures qui assombrissent l'exis-
« tence, comme aussi ces étranges maladies
« de l'âme, qui effraient dans l'histoire et dont
« l'humanité n'est pas encore guérie. »

« C'est la spécialisation à outrance, étroite et « commencée trop tôt, sans base d'instruction « générale, qui fait des êtres instinctifs, inca-« pables de raisonner, sans défense contre les « chocs subits des événements, voués d'a-« vance à toutes les exploitations. Cette forme « moderne de l'esclavage fait des machines et « non des hommes. »

Ce qu'il faut c'est « que chacun soit mis en « possession d'un certain degré de culture in-« tégrale, comme d'une large base, ferme et « bien liée, sur laquelle, alors, pourra se su-« perposer, sans rupture d'équilibre, la spécia-« lisation fonctionnelle, ainsi que de solides « fondements portent, sans fléchir, le poids « inégal des parties les plus élancées de l'é-« difice. »

Nous ne suivrons pas le hardi pédagogue dans les détails d'organisation ; nous nous bornerons à rappeler que son système constitue « un ensemble complet, enchaîné, synthéti-« que, parallèlement progressif en tout ordre « de connaissances, et cela à partir du plus « jeune âge et des premiers éléments. Dans « toutes les grandes branches du savoir hu-« main, il est à l'origine, à la base, des vérités « simples, primordiales, fondamentales, facile-

« ment observables et intelligibles, même « pour les jeunes enfants; elles doivent consti- « tuer le premier trésor de notions possédé « par le petit élève et destiné à s'enrichir gra- « duellement. »

Pour préciser l'idée, « symbolisons le champ « des connaissances humaines par une surface « indéfinie en étendue; représentons-nous les « diverses sciences figurées par des lignes « rayonnantes, divergentes, à partir d'un point « central, s'éloignant dans toutes les directions, « divisant l'étendue en secteurs contigus, sans « interruption et sans vide. Le point central « signifiera le zéro du départ, l'ignorance ab- « solue, mais provisoire du petit enfant. »

Représentons maintenant un premier degré de connaissance, pris sur ce champ du savoir universel, par un petit cercle ayant pour centre le point noir, et empruntant également en tous sens, sans lacune, sur le terrain des choses intelligibles.

Imaginons ensuite que ce petit espace s'agrandisse, se dilate progressivement, à la façon « des belles ondes circulaires que l'on voit « s'étaler à la surface des eaux tranquilles », nous aurons une image expressive et fidèlement correspondante du concept d'instruction intégrale.

« Le programme correspondant à cette idée « peut se résumer en un mot : *de tout*. De « toute science et de tout art, non pas de vagues « lueurs, mais de solides notions, précises, « quelque élémentaires qu'elles soient. »

Reste la coéducation des sexes, c'est-à-dire l'éducation donnée en commun aux garçons et aux filles. Par un singulier privilège, cette vieille nouveauté pratiquée depuis longtemps en Suisse, aux États-Unis, en Hollande, en Belgique, et imposée par les nécessités dans des milliers d'écoles de France, est la partie qui a été le plus violemment attaquée et le plus odieusement calomniée. A nous, socialistes, qui voulons l'égalité des sexes, elle tient particulièrement au cœur, et nous sommes heureux de savoir que chez ces enfants habitués à passer leur vie en commun, dans les classes, les ateliers, les récréations, les promenades, les voyages, au gymnase, aux repas, l'esprit n'est jamais préoccupé de la différence des sexes. Ils ne sont pas plus surpris de se trouver ensemble, garçons et filles, que ne le sont nos enfants et les enfants de nos amis ou des frères et sœurs jouant entre eux. Ce système donne une sérénité de mœurs, une moralité réelle, que l'on chercherait vainement dans les internats où l'on n'élève que des enfants du même sexe. Sur ce point, les témoignages désintéressés sont aussi nombreux que concluants et autorisés.

Tous les pédagogues français et étrangers qui ont visité l'institution en détail, l'ont attesté hautement.

Telle est, dans ses grandes lignes, cette éducation de raison et de science, guérisseuse et libératrice, progressive par essence, à laquelle on peut ajouter toujours sans avoir rien à rejeter jamais. Éducation qui forme des enfants sains et robustes, à la carnation vigoureuse, au teint frais, à la figure ouverte et souriante, au regard franc sans être effronté, innocent sans être bête. Des enfants qui ont plaisir à vous regarder bien en face, sont heureux quand on vient s'entretenir avec eux et dont tout l'être exprime le contentement et la joie de vivre.

Formés dans un milieu qui leur laisse une heureuse enfance du cœur, un esprit simple et droit en face des réalités, une imagination délivrée de fantômes, ils sont préparés non en vue de la *lutte* pour la vie mais de l'*aide* réciproque pour la vie, en vue et dans l'espoir de la pacification sociale. Cet idéal nous est trop cher pour que nous ne témoignions pas à M. Robin et à ses dignes collaborateurs, toute notre admiration et notre reconnaissance pour la voie qu'ils ont ouverte et jalonnée et l'œuvre qu'ils ont accomplie.

L'HUMANITÉ

INTERNATIONALISME

Internationalisme, voilà un mot qui fait fulminer ceux qui se réclament du patriotisme Suivant eux, l'amour des hommes doit être limité à telle ou telle expression géographique, fruit des caprices de la guerre, des hasards des mariages princiers ou des roueries diplomatiques. Quiconque respire au delà est bon à traiter en ennemi ; le dépouiller constitue l'œuvre de gloire par excellence, et pour ce résultat tous les moyens sont bons, mais par-dessus tout le moyen radical : sa suppression par mort violente.

Essayons, par quelques exemples, de montrer combien cette conception heurte la conscience et violente le cœur humain.

Aujourd'hui, les Alsaciens-Lorrains ont pour devoir patriotique d'aimer l'Allemagne, car il y a vingt ans, celle-ci, favorisée par les armes, leur dit : « Vous serez à moi par droit de conquête ; du reste, l'époque où vous étiez Allemands, vous Alsaciens surtout, ne se perd pas dans la nuit des temps ; vous ne faites donc que revenir à votre ancienne patrie. » Pour un peu, ils seraient des ingrats, presque des traîtres, de ne pas aimer Gretchen.

Tout autour de l'Italie, des Italiens qui s'appellent Français, Suisses, Autrichiens, manifestent des tendances irrédentistes. En 1859, les Niçois acceptèrent de payer la traite tirée à Solférino par Napoléon III sur Victor-Emmanuel. N'auraient-ils pas aujourd'hui le même droit de réclamer leur retour à l'Italie ? Pourquoi nos chauvins leur imputeraient-ils à crime leur irrédentisme, tandis que les aspirations des Triestins leur paraissent légitimes ?

Ainsi, au nom du patriotisme violé, les Alsaciens-Lorrains demandent leur retour à la France et au nom du même patriotisme, certains Niçois demandent leur retour à l'Italie.

Ce sentiment est donc essentiellement changeant suivant les temps et les lieux, et en son nom, demain, nous pouvons être sommés de haïr ce que nous aimions hier. Supposez — chose malheureusement trop possible — la France et l'Allemagne aux prises ; la première victorieuse reprend — avec leur plein consentement — l'Alsace et la Lorraine, mais enivrée par le succès, elle foule aux pieds le sentiment patriotique allemand et s'annexe les provinces Rhénanes. Au contraire, elle est vaincue ; sa rivale recule son poteau-frontière jusque sur les hauteurs de la Côte-d'Or, et Bourguignons et Franc-Comtois, dont l'histoire a enregistré la haine d'autrefois pour le Français, doivent se courber sous le joug allemand.

Vouloir assigner le patriotisme comme apogée aux sentiments altruistes n'est donc ni raisonnable, ni logique. Il n'est pas une fin en soi ; c'est une sorte de sentiment de transition destiné à disparaitre avec l'état de guerre.

Examinons-le maintenant dans ses origines. Dans les ténèbres de la sauvagerie, quand l'homme s'échappe à peine de l'animalité, son amour se borne à sa famille ; peu à peu, sous des influences diverses, dont la principale est celle de la défense, les familles issues d'une même souche conservent des liens entre elles, et forment des *tribus* ou *clans*, dont les membres combattent ensemble les animaux et aussi les tribus voisines comme en témoignent encore aujourd'hui les peuplades africaines. Voilà le patriotisme à l'état embryonnaire.

Mais dans ces luttes de tribus à tribus, les plus faibles sont réduites en esclavage et leur territoire devient la propriété des vainqueurs. La puissance de Rome n'a pas commencé autrement, et le droit du plus fort est à la base de toutes les nationalités. On n'invoque, du reste, celles-ci qu'autant qu'elles servent les convoitises ou légitiment les ambitions, bien résolu à les fouler aux pieds quand elles se dresseraient comme un obstacle.

Né de la nécessité de la défense, le patriotisme est vite devenu un agent puissant pour l'attaque. Chacun l'exalte à sa façon, mais tous poursuivent le même but : conserver ce qu'ils détiennent ou prendre ce qu'ils convoitent. Tel qu'il existe à l'heure actuelle dans la moderne Europe, le patriotisme officiel ne remonte pas à bien des lustres, et personne n'oserait affirmer qu'il ne devra pas se modifier d'ici peu d'années, si le dernier mot dans les contestations internationales continue à rester aux canons.

Soyons donc loyaux et conséquents avec nous-mêmes et ayons le courage de nous dire qu'en nous arrêtant là, nous nous arrêtons à mi-chemin ; que l'amour de l'humanité tout entière, sans catégorie, *l'internationalisme*, cette conception socialiste corrélative de l'abolition de la guerre est seule vraiment grande. N'excitons pas à la haine des peuples les uns contre les autres ; bornons-nous à les aimer tous, et si l'un d'eux semble nourrir des projets homicides contre un voisin, que les autres s'interposent et le rappellent à la raison. Pourquoi répudier comme barbare le duel judiciaire individuel et glorifier le duel collectif, la guerre ?

Mères de famille, créatrices de l'humanité, j'en appelle à vos cœurs. Est-ce pour les offrir en holocauste à vingt ans aux caprices d'un roi ou d'un empereur que vous allaitez et élevez vos fils ? D'instinct, votre nature se révolte à l'évocation de ces tueries où se complet la brutalité masculine. Combien parmi vous que le seul mot de *guerre* fait frissonner d'horreur et dont tout l'être frémit d'indignation à la pensée de ces réveils de la bête humaine. Vous, productrices par excellence, vous ne comprenez pas la destruction insensée des batailles ; aidez-nous donc de toutes vos forces affectives à répandre cette grande idée de l'internationalisme. Mettez votre amour à son service ; montrez à vos maris l'étroitesse de leur sectarisme ; demandez à vos fils — une mère est toute-puissante sur son fils — de se faire les champions de cette noble aspiration. De son triomphe sortiront la suppression de la guerre et la création des Etats-Unis d'Europe, prélude de l'Unité mondiale et de la Paix universelle.

FÉDÉRALISME

L'internationalisme absolu, c'est-à-dire la fusion des peuples, au moins des peuples civilisés, en une vaste unité, est une conception généreuse que des habitudes séculaires à détruire tiennent pour longtemps encore prisonnière dans le domaine de la théorie.

De la haine patriotique du présent à cette fraternité cosmopolite de l'avenir, la route est longue et difficile, mais elle n'est ni impraticable, ni interminable, et la première besogne consiste à orienter les regards dans sa direction. Quand les peuples l'auront reconnue, quand ils sauront d'où elle vient et où elle va, ils n'hésiteront pas à s'y lancer.

Que voyons-nous aujourd'hui ?

Par suite d'une fausse interprétation des faits et d'une adaptation inexacte des idées et des sentiments qui en résultent, des hommes se posent en adversaires, voire même en ennemis, parce que les uns se groupent sous la bannière du patriotisme et que les autres se rangent autour de l'étendard de l'internationalisme. Eh bien ! nous ne croyons pas que ces deux attitudes mises à leur place dans le cadre de l'évolution humaine puissent persister comme une cause irréductible d'antagonisme.

Si, au lieu de se servir des mots comme injures, on cherchait la filiation des idées qu'ils représentent, on serait ensuite bien près de s'entendre. Est-ce que l'internationalisme n'apparaitrait pas comme la phase d'avenir de l'idée et du sentiment qui fleurissent aujourd'hui sous le nom de patriotisme ? Se refuserait-on à admettre que celui-ci, au premier plan à l'heure actuelle, perdra peu à peu de son éclat, s'enfoncera insensiblement dans le passé, se réduira progressivement à l'état de souvenir pour céder finalement la place — comme en France la lui a cédée le provincialisme — à cette forme plus altruiste, plus humaine, qui, en ce moment, consciemment pour les uns, inconsciemment pour les autres, s'élabore sous la pression des transformations économiques qui mènent le monde? Ne verrait-on pas que cette élaboration avance toutes voiles déployées;

que la nier ou essayer de l'entraver est pure folie et que la clairvoyance commande de s'en faire l'auxiliaire ?

Un coup d'œil rapide sur notre milieu va suffire à nous convaincre. Les relations commerciales, industrielles, artistiques, littéraires, deviennent de plus en plus internationales ; les chemins de fer, la navigation, les postes, les télégraphes, les téléphones, établissent des rapports continuels de toutes sortes entre tous les points du globe ; de peuple à peuple se fait une pénétration réciproque incessante d'idées, de sentiments, d'habitudes, d'expressions : bref, toutes les grandes relations sociales sont marquées au coin de l'internationalisme.

Les gouvernements eux-mêmes, personnification du principe conservateur sinon rétrograde, emportés par la puissance des choses, sont obligés de s'essayer entre eux à des institutions, temporaires il est vrai, mais d'un caractère nettement international, telles que les unions douanières, postales ou monétaires, ou les commissions internationales qui s'occupent des questions de santé, d'hygiène, d'assistance, etc.

Lés alliances plus ou moins doubles ou triples

ne sont-elles pas elles-mêmes, malgré leur but, une résultante de cette poussée qui, bon gré mal gré, emporte les peuples hors de leurs frontières et les oblige à s'occuper et à tenir compte de ce qui se passe chez leurs voisins ?

Oui, quoi qu'on dise et quoi qu'on fasse, l'internationalisme est en train de conquérir le monde. Et si l'intérêt dynastique disparaissait d'Europe, la lutte de nation à nation, entretenue avec soin par les monarchies dont elle est le plus solide rempart, se trouverait, par contre-coup, fortement atteinte la fédération des peuples aurait fait un grand pas. La surveillance étroite et la menace sourde de tous à l'égard de chacun, règle de l'heure actuelle, se transformeraient en une mutuelle sympathie et une sainte émulation pour le progrès.

Cette transformation est d'autant plus facile que, nous le répétons, l'idée de patrie, rattachée à ses origines et réduite à ses véritables proportions, ne constitue pas un obstacle à ce *fédéralisme*. L'abus et l'exagération seuls sont redoutables. Au lieu de la considérer comme un stade dans l'évolution de la solidarité, on veut la retourner contre son principe ; on l'exploite au profit du maintien des pouvoirs établis, en l'enveloppant d'une atmosphère de haines, de jalousie, de rancunes, de préjugés; et, en la présentant sous les apparences trompeuses de la sauvegarde indispensable à l'indépendance des peuples, même là où elle n'est qu'une fiction, *car il y a des peuples sans patrie*, elle n'est plus un degré dans cette ascension vers des horizons de plus en plus vastes, mais un fossé creusé par le présent, sous prétexte de se défendre contre l'avenir. Gardons-nous de cette myopie de l'esprit et du cœur.

Pourquoi Français, Allemands, Italiens, Espagnols ou Anglais, répudieraient-ils le titre d'Européens que leur apporterait la fédération des républiques? Est-ce que la Suisse n'est pas une fédération de Génevois, Bâlois, Bernois, Grisons et autres, conservant chacun leur autonomie, et néanmoins communiant tous très étroitement dans l'unité suisse? Chez aucun peuple la patrie n'est plus ancienne ni plus fortement constituée, et aucun n'est mieux préparé à entrer dans une fédération plus vaste.

Cette fédération que nous appelons de tous nos vœux, c'est à son avènement que travaillent les internationalistes, en cherchant à développer l'esprit démocratique, terreur de la ploutocratie et des têtes couronnées, et surtout en s'élevant de toutes leurs forces contre la guerre, synthèse de toutes les barbaries.

Ah ! empêcher la guerre, n'est-ce pas ébranler les barrières qui nous séparent, désagréger les préjugés qui nous divisent, éteindre les vieilles rancunes, déboulonner les trônes, et préparer les voies à la justice pour les solutions que la revanche attend de la force ? Soyons donc internationalistes !

ÉTATS ET PATRIES

L'indépendance de la patrie, l'intégralité de la patrie, l'honneur de la patrie, l'amour de la patrie, etc., mots ronflants et sonores que rois, empereurs et ploutocrates présentent aux peuples comme des formules sacrées pour lesquelles ils doivent *vaincre* ou *mourir*. Mais ils se gardent bien de leur dire où elle commence et où elle finit, la patrie ; pourquoi et comment ils ont une patrie, et surtout de leur laisser soupçonner que ce mot ne correspond pas du tout à ce qu'on veut qu'il signifie.

Par lui, chaque potentat prétend légitimer la possession de ce qu'il détient et justifier à l'avance ses ambitions secrètes ou avouées ; il entend s'en servir comme d'un instrument de puissance et de domination, et gare à qui voudrait y voir le *pays du père*, *libre* de ses destinées.

Pour la plupart des peuples de l'Europe, tels

qu'ils sont groupés et parqués aujourd'hui dans les États, la patrie n'a pas de sens. Ce sont des agglomérations plus ou moins unifiées, des nationalités plus ou moins violemment rapprochées, et, deux ou trois exceptions mises à part, au sein d'un même État, tout n'est que division et haine, que compression et étouffement du faible par le fort.

Le Fédéralisme européen, en réservant transitoirement l'autonomie des groupements ethniques, est seul capable de dissoudre peu à peu ces ferments de discorde et de rendre concourantes les forces opposées ou simplement divergentes de l'heure actuelle.

Est-il conforme à l'enseignement des faits ? Le présent le porte-t-il en germe ?

Pour nous, Français, la patrie existe assez nettement délimitée ; elle a été définitivement constituée par la grande commotion de la fin du siècle dernier. Dans le creuset révolutionnaire, au souffle de la liberté, se sont fondus en une masse homogène les éléments disparates rassemblés par l'ancien régime et jusque-là divisés entre eux par les douanes provinciales aussi profondément que les peuples aujourd'hui par les douanes nationales.

Ces barrières économiques, quel obstacle à l'entente et à la concorde !

Tout près de nous, se trouve la patrie espagnole, la plus ancienne, grâce à sa position géographique et à ses luttes contre les Maures. Mais pourquoi un Portugal dans le coin ? Les deux peuples ne répugnent pas à l'union ; leurs souverains seuls constituent l'obstacle et le jour où la République sera proclamée à Madrid et à Lisbonne, la fédération ibérique sera en bonne voie.

Traversons la Manche. Où est-elle, la patrie britannique ? Des Anglais, des Gallois, des Écossais, des Irlandais, mais de Britanniens, point.

L'Anglais a pu imposer sa prépondérance ; elle n'a jamais été acceptée, et les essais de Home-Rule et de Self-Governement, loin de présager une fusion plus complète, ne font que préluder à un véritable fédéralisme.

Revenons sur le continent. Qui va me la montrer, la patrie allemande ? Où commence-t-elle ? Où finit-elle ? Des plaines de la Westphalie à celles de la Pologne, des bords de la Baltique aux rives du Danube, je vois des hommes qui parlent à peu près le même idiome, qui envoient des représentants à Berlin, mais je ne trouve nulle part le désir et la volonté de rester unis. En dépit des apparences et des harangues impériales, l'Empire allemand n'est pas une patrie.

Des Danois, des Saxons, des Bavarois, des Alsaciens, des Polonais, courbés sous le joug par « le chancelier de fer », subissent, sans l'accepter, un état de choses imposé par la force. Mais les sentiments autonomistes persistent très vivaces, et l'hégémonie prussienne ne survivra pas à la royauté. La République allemande, comme la République suisse, sera fédérale.

Descendons le Danube et pénétrons dans l'Empire des Habsbourg, dans cet étrange assemblage qui s'appelle le dualisme Austro-Hongrois. Pourquoi austro-hongrois ? Encore une expression qui signifie simplement que les deux plus forts ont foulé aux pieds les sentiments et les droits de leurs associés plus faibles, Tchèques, Polonais, Italiens, Croates. Sans doute, tous ces peuples marcheraient à la tuerie sous la férule comme des esclaves, mais c'est tout, et on se demande par quel prestige d'équilibriste ces éléments, aussi hétérogènes qu'hétéroclites, restent unis. L'idée de patrie ne s'implantera jamais là, tout ce qui tend à la faire naître y étant étranger : unité géographique, communauté d'origine, de mœurs, de langage, de religion, etc. La Fédération européenne deviendra plus vite une réalité que la patrie autrichienne.

Continuons notre route ; nous voici dans les Principautés balkaniques. Au fur et à mesure que les peuples primitifs secouent la domination musulmane, ils se constituent en États, où, malheureusement, des principicules en rupture de royauté vont ramasser une couronne. Mais, travaillés par l'idée socialiste, le fédéralisme déjà les guette du dehors et tente des efforts pour s'implanter chez eux.

Revenons sur nos pas et franchissons l'Adriatique. L'Italie nous apparait unifiée ; une situation géographique exceptionnelle et un passé historique douloureux ont amené une communion d'idées et de sentiments entre les peuples de la péninsule.

Au cœur de l'Europe, la Suisse, fortement constituée en république fédérale depuis quatre siècles, nous prouve que l'idée de patrie peut s'allier avec celle de fédéralisme.

Restent les États Scandinaves, la Hollande

et la Belgique. Par leur position géographique et leur constitution politique, les premiers nous suggèrent les mêmes réflexions que la Suisse. La Hollande et la Belgique, sans frontières naturelles, tantôt unies, tantôt séparées, tantôt indépendantes, tantôt asservies, n'existent telles quelles que par les caprices de la diplomatie et les hasards de la politique, et je soupçonne fort les Belges de préférer le fédéralisme et la république à leur neutralité et à leur roi de carton, comme ils le chansonnent irrévérencieusement.

J'ai omis le Danemark. Y a-t-il une patrie danoise ? Oui et qui plus est, démembrée par l'Allemagne. Si quelqu'un a le droit de protester contre la violation de la patrie, c'est bien ce petit État, victime de son redoutable voisin.

Enfin, nous tenons volontairement en dehors la Russie, que sa situation, son étendue, son degré de civilisation, obligent à classer à part, et contre laquelle les États-Unis d'Europe seraient tenus, au moins temporairement, de prendre des précautions spéciales en vue de leur sécurité.

Que conclure ?

Que les collectivités européennes et l'idée de patrie sont loin d'être adéquates ; qu'il n'y a pas entre elles un lien étroit auquel tout est subordonné. Les premières restent des produits de la force brutale soumis à toutes ses fluctuations ; la seconde se présente sous l'aspect d'une ébauche, à des degrés divers, d'altruisme, avec un caractère essentiellement transitoire, sans signification précise et sans définition exacte.

Et il faut tout l'artifice du mensonge et toute l'audace de l'ignorance, pour prétendre limiter la fraternité des hommes à celle-ci et arrêter l'évolution politique des peuples à celles-là.

FRANCE ET ALLEMAGNE

Comment de l'état actuel passer au fédéralisme ? Comment les nations aiguilleront-elles sur cette voie ? Où pourra se faire la première soudure ? Quels peuples donneront l'exemple et auront assez de prestige pour le faire rayonner sur les autres et les entraîner vers le même but ? Il serait téméraire de vouloir le préciser aujourd'hui, mais nous pouvons tout au moins analyser et apprécier les éléments de cette transformation.

Des États, tels que la Suisse et les Iles-Britanniques, ne sont que des agglomérations à forme fédérale ; l'Allemagne, avec l'avènement de la République, revêtira nettement ce caractère ; l'Espagne et le Portugal ne répugneront pas à ce genre d'union dès que la volonté du peuple aura brisé le joug de la royauté.

Des esprits généreux s'appliquent à développer l'idée d'une fédération balkanique. D'autres essayent de raviver et d'élargir le vieux sentiment de la race chez les peuples d'origine latine, et de grouper en une vaste fédération Italiens, Français et Ibériens, où serait déjà résorbée la fédération Hispano-Portugaise.

Le dualisme Austro-Hongrois n'est pas autre chose qu'une fédération mal venue. Ainsi nous aurions dès maintenant cinq ou six fédérations en perspective, qui n'attendraient que la république pour devenir des réalités viables. En supposant qu'elles puissent prendre corps, feraient-elles cesser l'antagonisme présent et apporteraient-elles au monde la paix universelle comme don de joyeux avènement ?

Elles abaisseraient certaines frontières, elles en supprimeraient quelques-unes et par là elles seraient un progrès, mais elles en laisseraient d'autres intactes et par là se créérait une source de conflits interfédéraux, peut-être aussi sanglants que les luttes de nations à nations.

Cette éventualité serait d'autant plus à craindre que ces organisations visent à donner satisfaction au sentiment de la race et à l'entretenir.

Or, d'essence exclusiviste, ce sentiment peut facilement engendrer la haine avec toutes ses conséquences; il perpétuerait sûrement des rivalités aussi dangereuses que celles de l'heure actuelle.

Baser le fédéralisme sur l'idée de race ne semble donc pas le terme auquel on doive s'arrêter; l'obstacle à l'union complète serait déplacé, il ne serait pas anéanti, et, sous des apparences progressives, ce n'est en réalité qu'une régression.

Sans doute la communauté de race, plus reculée dans le passé que celle de patrie ou de nationalité, peut permettre des rapprochements plus vastes, mais groupés ensemble, les Latins ne s'opposeront-ils pas aux Germains et les uns et les autres ne nourriront-ils pas des sentiments d'hostilité à l'égard des Anglo-Saxons? Et que sera-ce si les Madgyars et les Slaves entrent en ligne?

En admettant pour un instant ce retour aux origines, pourquoi s'arrêter à ce degré? Pourquoi ne pas se souvenir immédiatement que les races européennes, à quelques rares exceptions près, sont des rameaux issus d'un même tronc commun, le tronc aryen, et ne pas planter sur le plateau du Pamir le drapeau qu'on veut faire flotter au bord de la Méditerranée?

L'éloignement de la parenté empêcherait-il ce rapprochement ?

Alors, cette route aboutit à une impasse ; il convient donc de ne pas s'y engager et de tourner les regards d'un autre côté.

Nous croyons, en effet, que c'est dans une autre direction qu'il faut s'engager.

La préface de l'unité européenne peut et doit être écrite par deux peuples se reconnaissant simplement comme *frères en humanité* ; par deux peuples dont la soudure deviendra le noyau d'une vaste fédération ouverte à tous, et non le prototype de petites fédérations fermées avec l'espoir de former plus tard une fédération de fédérations.

Existe-t-il deux nations capables de jouer ce rôle sur la scène du monde ? Oui.

La France et l'Allemagne.

Parvenues au même degré de développement économique et de mentalité, à peu près équivalentes en étendue territoriale et en population, rien dans leur rapprochement ne saurait être interprété comme une absorption de l'une par l'autre, même comme une simple abdication de l'une en face de l'autre, ce qui, au contraire, ne manquerait pas de se produire et d'éveiller des susceptibilités jalouses chez les nations voisines, s'il s'agissait, par exemple, de la France et de la Suisse ou de la France et de la Belgique.

Leurs frontières purement artificielles permettent des contacts nombreux et une pénétration réciproque facile. Leur situation au cœur de l'Europe, leur importance numérique et superficielle, leur valeur intellectuelle : scientifique, littéraire et artistique, leur donnent une puissance de rayonnement incomparable. Par leur masse, elles peuvent défier toutes les coalitions.

Avant d'aller plus loin, nous tenons à répondre à l'objection que ne manqueront pas d'élever nombre de nos concitoyens : l'Alsace-Lorraine, qu'en faites-vous ? Que devient-elle dans votre fédération ? Continuera-t-elle de subir le joug allemand ou reviendra-t-elle à la patrie française?

Tout d'abord, il ne s'agit nullement de l'accouplement de la République française et de l'Empire allemand, mais de l'entente de deux peuples, de deux républiques. Cela suppose, il est vrai, la couronne de Guillaume brisée. Cette grosse besogne préliminaire est indispensable et tant qu'elle ne sera pas accomplie, aucune grande transformation humanitaire durable ne sera possible en Europe.

Mais nous ne la croyons pas au-dessus des forces du socialisme allemand, et nous savons qu'ensuite ce vaillant ouvrier rendra à chacune des unités de l'Empire, le droit de disposer librement d'elle-même. Les Alsaciens-Lorrains n'auront donc qu'à se prononcer. Ce qu'ils diront ? Nous l'ignorons. Qu'importe, puisqu'ils seront maîtres d'eux-mêmes. Nous ne prétendons pas effacer le passé ; nous nous bornons à lui demander des enseignements pour l'avenir.

Jusque-là, nous devons garder l'expectative et employer notre temps à répandre et à rendre familière cette idée que les deux peuples sont faits pour s'unir et que nous, républicains, notre premier devoir sera de saluer la République proclamée à Berlin, et de tendre franchement la main à ses fondateurs, qui auront bien mérité de l'Humanité.

Quand, cette étape franchie, la France et l'Allemagne donneront ce magnifique exemple de deux grandes Républiques unies pour la paix et la liberté, les trônes trembleront sur leurs bases, et les monarchies toucheront à leurs derniers moments.

Sûrs de trouver aide et protection, les peuples secoueront partout le joug des empereurs et des rois, et ceux-ci, dans la vision de leur puissance anéantie, sur les murailles de leurs palais, verront apparaître le mystérieux *Mane, Thecel, Pharès*, annonçant l'aurore des temps nouveaux et le règne de la véritable égalité.

Allemands ! faites votre république ; c'est vous que l'Europe attend pour se libérer d'abord et libérer le monde ensuite.

MILITARISME

Dans nos envolées vers l'avenir, sur les ailes de l'altruisme et de la solidarité, nous n'avons garde d'oublier les dures réalités du présent. Entre toutes, il en est une dont les étreintes sont particulièrement douloureuses. Avec une intensité effrayante, elle pompe la vie des peuples et les anémie de sang et d'argent ; toutes les forces vives des nations sont réquisitionnées pour l'alimenter et l'entretenir ; tout converge vers elle et s'y anéantit. Je ne dis pas s'y transforme, car rien n'en sort que la destruction et la mort. Chacun a reconnu le *Militarisme* écrasant sous lequel nous râlons ; ce militarisme sans cesse accru sous le prétexte étrange de nous garantir contre la guerre, comme si le meilleur moyen de nous préserver des catastrophes était d'accumuler et de perfectionner les conditions favorables à leur éclosion.

Voici d'après l'*Economiste européen*, les

dépenses qu'il a occasionnées à l'Europe pendant l'exercice 1892-93 :

France.	890.000.000	fr.
Russie	1.107.100.000	—
Allemagne.	822.700.000	—
Autriche-Hongrie.	421.400.000	—
Italie	404.000.000	—
Angleterre	832.400.000	—
Belgique.	47.000.000	—
Espagne	170.000.000	—
Hollande	75.300.000	—
Suisse.	36.700.000	—
Total pour 10 puissances. .	4.306.600.000	fr.

Quatre milliards trois cent six millions.

Chiffre formidable, et au-dessous de la vérité cependant, puisqu'il ne comprend pas les budgets de la guerre des États Scandinaves, du Danemark, du Portugal, des principautés Danubiennes, de la Grèce, du Monténégro et de la Turquie.

Se sont-ils jamais demandé « les partisans de la paix armée » quel bien pourrait être réalisé avec cette montagne d'or en un an englouti dans ce gouffre sans fond ? Ont-ils jamais envisagé l'essor que pourraient en recevoir les services du progrès tels que ceux de l'Instruction et de l'Assistance publiques, transformés et agrandis et devenus l'Éducation publique et la Solidarité sociale ?

Et puis c'étaient quatre milliards trois cents millions hier, mais combien sera-ce demain ? La progression est désespérément continue ; chaque année voit augmenter la ration du Minotaure. Le tableau ci-dessous, qui s'applique à l'exercice 1869-70, rapproché du précédent, ne le démontre que trop.

	FRANCS	AUGMENTATION
France	549.300.000	80 %
Russie	615.600.000	79 —
Allemagne et Autriche-Hongrie . . .	573.600.000	134 —
Italie	184.400.000	119 —
Angleterre	605.600.000	37 —
Belgique	36.800.000	27 —
Espagne	127.800.000	33 —
Hollande	50.500.000	49 —
Suisse	4.800.000	664 —
Total p. 10 puissances	2.748.400.000	

Ainsi de 2.748.400.000 francs, le total passe

à 4.306.600.000 francs, soit une augmentation de 1.558.200.000 francs en vingt-deux ans.

Des milliards engouffrés pour préparer la destruction de millions d'hommes, voilà les bienfaits de cet antagonisme qu'on s'entête à nous proclamer comme terme de l'évolution. De l'évolution de la barbarie, nous l'espérons, de la civilisation, non. Fort heureusement, il y a des tournants dans l'histoire de l'Humanité.

Puisse notre époque marquer un changement de direction !

A ce que les collectivités fournissent pour l'entretien de leurs armées permanentes, il convient d'ajouter la valeur du travail que tous ces hommes entretenus produiraient.

L'Europe compte 4.500.000 hommes sous les drapeaux ; en supposant qu'ils produisent seulement pour 5 francs de valeur par jour, cela fait le joli chiffre de 22.500.000 francs (vingt-deux millions cinq cent mille francs) à la fin de la journée. Et si nous admettons qu'ils travaillent 280 jours par an — chiffe qui n'a rien d'exagéré — nous arrivons au 31 décembre avec la somme rondelette de 6.300.000.000 de francs.

Six milliards trois cents millions.

Ainsi : Dépenses	4.306	millions
Valeurs non produites	6.300	—
Total.	10.606	—

Dix milliards six cent six millions.

De ce chiffre, il convient de déduire l'entretien de nos 4.500.000 soldats rendus à la vie civile. Comme terme moyen de la valeur non produite, nous avons pris 5 francs par jour et par homme ; nous restons à peu près dans la même donnée en évaluant à 3 francs la valeur consommée (nourriture et vêtement) : ce qui nous donne à la fin de l'année 4.927.500.000 francs, qui, déduits du total précédent, laissent apparaître une *perte nette* de 5.679.000.000 de francs.

Cinq milliards six cent soixante-dix-neuf millions.

Cette somme colossale dépasse l'imagination de tous ceux qui, comme nous, sont étrangers aux calculs de Rothschild, et l'esprit n'en saisit pas toute l'importance. Exprimons-la sous une forme plus sensible.

Chacun sait que 100 francs en or pèsent 32 gr. 258, par conséquent que 100.000 francs pèsent 32 kil. 258, qu'un million pèse 322 kil. 58, qu'un milliard pèse 322.580 kil., par conséquent que cinq milliards six cent soixante-dix-neuf millions pèsent 1.831.931 kil. ou 1.832 tonnes.

Avec des wagons chargés à 10 tonnes, cela fait 183 wagons ou 6 trains de plus de 30 wagons.

Six trains de chacun plus de trente wagons chargés à dix tonnes,

voilà ce que la folie guerrière a pressuré d'or en un an à l'Europe ou plus exactement aux dix principales puissances européennes. A ces chiffres, il conviendrait d'ajouter encore quelques « menus frais », tels que ceux qui résultent des exercices destinés à « se faire la main », autrement dit les grandes manœuvres. Ainsi pendant l'automne de 1893, les 1.200.000 hommes des différentes nations qui ont tiré « de la poudre aux moineaux » ont brûlé 60 millions de cartouches et dépensé environ 150 millions de francs.

Inutile de commenter ce bilan du mal et de l'absurde ; les chiffres parlent plus éloquemment dans leur nudité qu'habillés de périphrases. Les plaies, béantes et saignantes, inspirent plus d'horreur.

Et maintenant j'entends les tartufes crier : « Mais nous ne demandons pas mieux que de « voir supprimer les armées permanentes ; nous « serions les premiers à applaudir, le jour où « il nous serait démontré que ces cinq milliards « et demi peuvent être impunément rendus aux « différentes collectivités, sans danger aucun « pour l'une quelconque d'entre elles. Mais de « cela nous vous défions ; la crainte seule em- « pêche les peuples de se déclarer la guerre ; « gare à celui qui commencerait à désarmer. »

Sur quoi se basent-ils pour affirmer que les peuples n'on pas d'autre souci que de se tenir mutuellement en respect, ni d'autre ambition que de se dépouiller réciproquement ?

Nous disons, nous, au contraire, que les démocraties sincèrement et loyalement consultées manifesteraient de tous autres sentiments, même avec le mode de suffrage actuel qui ne permet cependant qu'à une moitié des intéressés — et pas la moins batailleuse — de se prononcer. Le peuple, le vrai peuple, celui qui travaille, a horreur de la guerre. Au delà comme en deçà des Vosges, le militarisme est considéré comme un fléau. Les chiffres vont encore nous en fournir la preuve irréfutable.

D'après le recensement officiel des votes de juin 1893 pour le Reichtag, les adversaires du projet de loi militaire ont obtenu. . . . . 4.323.362 voix
les partisans en ont recueilli. 3.225.611 —
L'écart en faveur des premiers est donc de. . . . . . . 1.097.751 voix.

C'est une majorité, cela, je suppose.

Si au lieu de voter par circonscriptions habilement manipulées, les sujets de Guillaume II avaient été appelés à se prononcer par la voie du REFERENDUM, le projet, comme on le voit, échouait à une écrasante majorité.

Voilà ce que le peuple répondra partout quand il sera consulté.

Et que serait-ce si les femmes : mères, épouses, sœurs, amantes, pouvaient faire entendre leur voix ? Les récents manifestes des femmes anglaises, françaises et allemandes parlent assez haut et ne permettent aucun doute.

« Persuadées, disent-elles, que, dans les « temps actuels surtout, une guerre entre les « peuples deviendrait un massacre formidable « qui anéantirait les meilleures forces des na- « tions et serait un malheur pour chacun en « particulier ; nous, femmes, avons le devoir « de nous associer aux efforts de ceux qui tra- « vaillent pour la paix et d'élever la jeunesse « dans la conviction que la paix universelle doit « être l'idéal de la société humaine, et que les « œuvres d'humanité et de justice répondent « mieux à la vraie dignité humaine que la gloire « militaire. »

« Plus de sang entre les peuples, entre ceux « que la nature a créés frères et amis. »

« La planète est trop étroite pour qu'en un « coin quelconque, sous prétexte de frontières, « qu'ont bâties les conventions et les haines, « les humains s'entr'égorgent. »

« Unissons-nous pour remporter la plus belle « des victoires, celle du désarmement univer- « sel. »

Et puis, il ne s'agit pas que tel ou tel peuple commence. Nous n'entendons pas parodier nos ancêtres de Fontenoy et, tournés du côté des Vosges, crier : « Messieurs les Allemands, dé« sarmez les premiers. » Le désarmement ne peut être que *simultané* d'une part et *graduel* et *proportionnel* aux effectifs de l'autre. La question posée sous une forme différente justifierait les arguments cent fois réédités contre elle ; l'entente des diverses puissances est un préambule indispensable.

A vous, les élus socialistes, de commencer sur le terrain parlementaire la lutte contre la guerre, de dénoncer le militarisme et de préparer cette entente. Au-dessus des multicolores drapeaux des nations, symboles de haine et de division, faites flotter bien haut votre rouge étendard, emblème d'unité et de fraternité. Que l'Europe du travail tout entière vienne se ranger sous ses plis pour la conquête de la *Paix universelle* et la *Libération* de *l'humanité !*

TABLE DES MATIÈRES

I

LA FEMME

Pages

Les Droits des Femmes 3
Nos adversaires 9
La Place des Femmes 18
Féminisme et Socialisme. 26
Alliance naturelle 32

II

LA MÈRE ET L'ENFANT

Dépopulation. 39
Aux Mères 46
Recherche de la Paternité 52
Misère et Maternité. 59
Assistance et Humanité. 63

III

L'ENFANT

Pages

Petits Martyrs 73
Mesures immédiates 82
Sein, Biberon et Crèche. 88
Cantines scolaires 96
Cempuis 105

IV

L'HUMANITÉ

Internationalisme 117
Fédéralisme 123
Etats et Patries. 129
France et Allemagne. 136
Militarisme. 143

Paris. — Imp. V. Giard & E. Brière, 16, rue Soufflot.

www.ingramcontent.com/pod-product-compliance
Ingram Content Group UK Ltd.
Pitfield, Milton Keynes, MK11 3LW, UK
UKHW021936200726
13855UKWH00007B/618